沈基文

亦官亦商

刘诗平 | 沈玫

Sim Kee Boon
Institute for
Financial Economics

沈基文

亦官亦商

总统顾问理事会主席、
公务员首长、新加坡国际贸易有限公司董事长、
樟宜机场建设项目负责人、吉宝企业董事长、
新加坡第一通电信及
丹那美拉乡村俱乐部主席

刘诗平
沈玫

敬杨贤文、杨俪恩和

新加坡的未来世代。

愿这些过往的故事能启发你们的未来。

目录

前言

如果问新加坡人他们最引以为豪的是什么，不少人会提起樟宜机场。樟宜机场为旅客提供了高效、可靠的一流体验，在国际上享有盛誉，是公认的世界级机场。然而，樟宜机场能有今日的成就绝非易事；它的实现，取决于卓识的远见，以及无数人的汗水和辛勤付出。

这其中一位关键人物，就是沈基文先生。樟宜机场能够成功，他的贡献至关重要。在机场从无到有的建设过程中，沈先生留下了许多趣闻轶事，其中就包括著名的“12分钟规则”——即飞机停靠后，首件行李必须在12分钟内可供领取。正是他对旅客需求的深入了解、对工作的亲力亲为，和对细节的洞察入微，樟宜机场才能脱颖而出。

然而，樟宜机场只是基文对新加坡的众多贡献之一。他是新加坡建国初期的第一代公务员，在那个动荡的年代密切参与了新加坡的建国过程。他曾陪同李光耀先生远赴伦敦，就新加坡与马来西亚合并的条款同英国政府进行谈判。新马分离后，他又积极为新加坡吸引外资，并为我国公务员制度奠定了坚实基础。

此外，基文还是一位杰出的企业家。为了帮助新加坡开拓海外贸易市场，新加坡国际贸易有限公司（Intraco）

的创立，他也有着举足轻重的角色。而该公司也不负众望，在运营仅一年内，就实现了盈利。随后，他加入吉宝企业集团（Keppel Corporation），并成功将一个负债累累的造船厂转型为新加坡领先的企业集团。

本书讲述了基文多年来的奋斗历程，以及他如何引用他敏锐的判断力应对了艰巨的挑战，如何仰赖他出色的沟通能力，精准理解他人的想法与动机，有效地处理了各种棘手状况。基文常说，领导者首先应具备清晰思维以识别关键问题，并做出相应的战略决策，整件事情也会因此变得明朗，包括任何随之浮现的次要问题，也可迎刃而解。多年来，我在应对诸多挑战时，都受益于这种思维方式。

基文离开我们已有十五年了，但我们当中许多认识并曾与他共事的同僚仍记得他这位谦逊的人民公仆对国家所怀有的深厚使命感，以及事事都力求卓越的意志。我希望这本书能够激励我们世世代代的国人，秉持基文的品质和价值观，以坚韧不拔和无私奉献的精神，继续带领新加坡前进。

李显龙
新加坡总理

序

2021年，当新加坡管理大学（SMU）沈基文经济研究院（SIM KEE BOON Institute for Financial Economics）宣布成立新加坡绿色金融中心时，我不禁欣慰一笑。因为该研究院自创立以来的核心理念，就是将学界人士、业界精英和政策制定者聚集一堂，集思广益，共同解决当前社会的紧迫问题。

沈基文先生是我已故父亲陈似桐的至交好友。2007年7月，我推出新书《吴庆瑞传略》（*Dr Goh Keng Swee: A Portrait*）时，沈先生的健康状况已不容乐观，但他仍然坚持亲临发布会。沈先生曾与吴博士共事多年，对他十分了解并由衷敬重。那也是我最后一次见到沈先生。几个月后，他便溘然长逝。

2007年9月，新书出版后不久，我加入了新加坡管理大学的发展事务处团队。在此期间，我和经济与社会科学学院的创始院长鲍比·马里亚诺（Bobby Mariano）教授有过多次交流，他对创建一所金融经济研究院充满热忱。

两个月后，我代表吴庆瑞博士一家，以及我父亲一家参加了沈先生的葬礼。我父亲曾任新加坡旅游局（当时称为“新加坡旅游促进局”）主席，与沈先生在樟宜机场和其他项目上合作无间。追悼会悼词感人至深，催人泪下，于是我当下询问了沈先生的长子沈瑞炎（Peter Sim）先生是否可以允许新加坡管理大学在学院里以某种形式纪念他的父亲。他在征求了家人的意见后欣然同意了这一请求。马里亚诺教授得知此事后欣喜若狂，因为他的研究院将被冠以一个深具分量和影响力的名字。马里亚诺教授随之迅速地将新加坡管理大学沈基文经济研究院的愿景和使命确定下来。

而我与发展事务处团队的同事，其中包括葛月赟（Gretchen Liu），则负责为研究院筹集资金，以支持其长期发展。因此，我们需要找到一位非常了解沈先生的人担任筹款委员会主席，而林子安（Lim Chee Onn）先生无疑是最佳人选。幸运的是，他欣然接受了我们的邀请。

筹款委员会在林先生的领导下进展顺利。他主动协助我们与新加坡金融管理局（MAS）联系；当时管理局的局长是王瑞杰先生（Heng Swee Keat）。王先生还是一名年轻警官时，就已听闻沈先生的事迹。之后更是从时任内阁资政的李光耀先生口中得知沈先生是一位“能把事情办成”的人。王瑞杰先生认真研读了新加坡管理大学的提案，他和金融管理局的同事一致认同，根据行业需求推动应用金融研究的必要性。

同时，王先生还认为研究院以沈先生的名字命名是非常恰当的，因为这与沈先生本人的精神十分契合。沈先生具有远见卓识，且身怀家国之情。沈基文经济研究院将人类的智慧与强烈的使命感相结合，旨在寻获行之有效的方法并全身心地将之付诸实践。因此，新加坡金融管理局的金融发展基金为研究院的发展提供了有利的资金支持，许多敬重沈基文先生为新加坡的发展所做出的卓越贡献的个人与企业也纷纷伸出了援手。

就这样，沈基文经济研究院应运而生。

上述内容向读者介绍了沈基文经济研究院的诞生历程，而本书则着重讲述了沈基文先生本人的故事。当我在阅读这本书时，我不禁热泪盈眶，作者们行文流畅，以个人视角和温暖真挚的笔触描绘了这位杰出的公务员和企业家、深情的丈夫以及慈爱的父亲和祖父。最重要的是，他为人正直、忠诚。

陈淑珊
开拓海外贸易市场，创立了新加坡国际贸易有限公司

引言：饮水思源*

从封面来看，这似乎又是一本关于新加坡先驱一代的人物传记。但仅以封面来判断书的内容通常并不可靠。

诚然，这本书一开始确实是记录沈基文先生的职业成就及其对国家的贡献。然而，在写这本书的时候正赶上疫情肆虐之际，因此这本书很快就超越了最初的设想，演变出了不寻常的意义。通过文献研究、人物访谈和故事讲述等多种形式的结合，这本书搭建了一座连接今天与过去的桥梁，人们得以在回顾新加坡历史的同时更深刻地了解我们从哪里来，我们的根源是什么。

我们是这本书的共同作者，我们更是"老年千禧一代"，即1980年至1985年之间出生的人。我们所受的教育强调死记硬背，对我们来说，我国的历史也只是又一门需要在期末考试中背诵复述的科目而已。新加坡的过去离我们是如此遥远，就如同每年只有在春节时才会见到的远房表亲。

---

* 饮水思源（yin shui si yuan）的字面意思是喝水时要记得水的源头，比喻心存感激。

在学生时代，我们曾唱过无数遍《奋起为新加坡》（“Stand Up For Singapore”）和《我们是新加坡》（“We Are Singapore”），以至于这些歌词至今仍能脱口而出。但我们无法清晰地表述，更不用说理解这些歌词究竟意味着什么，以及这对我们能够作为新加坡人生活又有什么影响。

直到我们开始撰写这部传记，我们才对现代新加坡如何发展而来有了更深入的了解。众所周知，这并不是魔法师轻挥魔杖便能创造出的奇迹，而是无数先辈审时度势、齐心协力的结果。他们怀揣着同样的愿景，无私奉献，一腔热血，用他们的智慧使得我们的国家不仅能够生存下来，更得以在各个领域蓬勃发展。

当我们聆听沈基文先生及同他一样曾为国家生存付出努力的人们所经历的那些丰富多彩的个人故事时，我们无比感恩和庆幸此刻所拥有的一切。这些口述的情节让历史书里的内容不再是仅仅停留在脑海中的冰冷数据，而是变得鲜活生动起来，深深印刻在我们的心里。

这本书也令我们意识到在长辈在世时多与他们沟通交流是多么重要。我们再无机会聆听沈基文先生同我们分享观点或见解，对此我们感到万分遗憾，如果这份遗憾可以用金钱来量化，大约足以资助这本书以五种不同的语言出版。

我们希望年轻一代能够花更多的时间去探索他们的传承，去了解他们的来处。多与祖父母、父母、姑姑和叔叔们交谈，了解他们的人生故事、所经历奋斗和所取得的成就。他们的人生构成了你们的历史，就像房屋的蓝图一样，告诉你们如何走到今天。宝贵的经验教训也在等待着你们去汲取——比如不要重蹈覆辙，在了解家族历史的基础上，你才能更好地构建属于你的未来。

接下来，我们将同大家分享我们是如何在2021年初踏上撰写本书的旅程的。

沈基文的长孙女**沈玫（Leanne Sim）**：我的祖父（我称他为“公公”）在2007年离开了我们。在他去世两年后的某天晚饭后，我的父亲瑞炎突然说道：“我觉得我们应该写一本关于父亲的书。”这个念头源自对逝者的哀思，同时也希望保留我们的家族历史。作为家中二姐妹的长女，我乐于做一些令父母开心的事情，于是我同意带头完成这项看似简单的任务。当时的我根本没有想到这个过程会如此漫长——长到我父亲都已经忘记了这是他最先提议的。

实话实说，这本书最终历经了十多年的时间才完成。决定开始写这本书所花的时间，甚至比公公负责建造的樟宜机场1号航站楼耗时还长。此刻我终于可以不再为迟迟没有完成此事而愧疚了。如果你想知道为什么会拖延至今，我的回答是，我的确受到了日常生活的干扰，包括生儿育女，事业发展以及数次无果的尝试。

起初，我们打算把这本书做成一本简单的剪贴簿，收录一些老照片和亲朋好友的趣闻轶事。后来演变成写一本可以放在咖啡桌边的读物，直到最终凝结成这本传记。

现在想来，我相信公公的故事一直在等待一个合适的时机彰显于世。因为如果我在年轻时开始做这件事，我应该不会像现在这样，带着成熟的心智和足够的思考投入其中，挖掘提炼整个家族的故事。如今我也年岁渐长，成为了两个孩子的母亲，我不仅有动力确保我们的家族故事可以传承到我的孩子以及他们的孩子那一代，我更能从为人父母的角度理解并钦佩公公所作出的个人选择。他当然并不完美，没有人是完美的。尤其是在聆听他的儿子们坦诚地讲述他们的童年时，我从中吸取到了一些值得效仿的教养方式，也意识到有一些问题需要避免。

同样地，现在的我更能从与四十多位公私营部门领导者的访谈过程中获益，汲取他们宝贵的管理和商业智慧。尽管我可能无法企及公公曾拥有的那般高位，但我相信这些管理经验可以应用到我人生和职业生涯的每一个阶段。

这本书也在等待合适的人来撰写。我的合著者诗平经常对我说，她相信公公在远方指引着我们，我也有同感。无论是公公的庇佑亦或是“天意”使然，有太多巧合，令我们无法忽视。

这部传记最终于2018年12月开始动笔，那时我正在一家法国银行工作，结识了荷兰的可持续金融专家罗伯特·鲁宾斯坦（Robert Rubinstein）。几封愉快的电子邮件交流后，他引荐我认识了当时新上任的沈基文经济研究院主任方德尉（Dave Fernandez）。

我们在资金大厦（Capital Tower）的星巴克相谈甚欢，方德尉向我介绍了研究院的计划与愿景，我也同他分享了我对公公为数不多的了解。方德尉事后给我打来电话，问道：

“你有没有想过写一本关于你祖父的书？我遇到的大多数人都以为他只是位赞助了我们研究院的有钱人！”

这与事实相去甚远。

几周后，方德尉表示，如果我们家人同意，沈基文经济研究院将支持本书的写作。于是在2021年初，里程碑图书出版社的吴益强（Goh Eck Kheng）成为了本书的出版人，随后诗平和我们的编辑罗斯娜·艾哈迈德（Rosnah Ahmad）也加入了进来。

诗平同我相识已有十多年了，那时我还在一家酒店担任市场营销和传播经理，曾邀请她参加一家餐厅的美食品鉴会。她当时是顶奢生活杂志《顶峰》（*The Peak*）的特约撰稿人。我们一见如故，多年来一直保持着联系。直到2020年底的一次午餐聚会上，我们发现彼此都热衷于保护历史；我的兴趣是代际故事的传承，而她则致力于保护建筑。

当时我并未多想，但如今回想起来，诗平的确是撰写这本书的最佳人选。她不光对新加坡的城市建筑风格感兴趣，她还是一位经验丰富的作家，已经出版过两本书。虽然我们此前从未合作过，但我一直很欣赏她的作品。所以，当我斟酌合适的作者人选时，我认为她就是最合适的那个人，并决定联系她。

刘诗平（以下简称“刘”）：这事开始的时机也恰到好处。在玫和我开始讨论这本传记的时候，我正在由我负责的设计杂志《d+a》上倡导保护我们的现代主义建筑。我一直在为阻止拆除这些现代风格建筑而努力，我对有人竟然想毁掉这些象征着新加坡建国时期“敢想敢干”精神的砖瓦建筑感到十分愤慨。一旦这些建筑消失，我们与近代建筑创意的实际联系还剩下什么？

正是受到这种信念驱使，我决定接下这个项目，希望通过这本书再现那个时期的历史，颂扬它，并使其能与我们的现在和未来相关联。说来惭愧，在此之前我对沈基文先生知之甚少。但在完成这本书之后，我不仅希望自己能更多地了解他，还希望自己能有机会亲自认识他。他精明能干、聪明睿智又待人亲切，他就是那种我很想成为他的团队一员，乐意为之工作的人。

沈玫：疫情的第二年，也就是2021年，我和诗平几乎每个周末都在打电话讨论，试图勾勒出公公78年来的人生轨迹。串联起那些零散的片段，找出在他人生关键节点与他相识的人，这个过程就像在拼凑一幅复杂的拼图，满足了我作为侦探推理小说爱好者的解谜热情。追溯过去、寻找线索和联系公公的旧日老友是一项艰巨但令人兴奋的工作。在某些时候，我真的觉得冥冥中有人在一路指引着我们。

在这个过程中，有很多让我难忘的时刻。其中之一次是我联系到公公以前的同学，94岁的黄成华（Ng Seng Hwa）老先生，令我惊讶的是，他竟然是我们家一位非常要好的朋友的父亲。直到我开始追寻公公童年时代的玩伴进行采访时，我们才知道这件事。听成华叔叔谈起和公公一起打篮球的往事，就像发生在昨天一样历历在目。他甚至还亲自示范了公公的传球方式！

另一次是我联系了伦敦政治经济学院图书馆档案与特别收藏部经理安娜·托尔森（Anna Towlson），她非常热心地给我寄来了一份长达41页的扫描文件，里面记录了公公研究生时期所有的相关信件。我记得当我看到安娜发来的邮件时，激动得浑身发抖。能够阅读这些来自上世纪50年代有关于公公的信件，而这些信件可能连他都未曾见过的感觉真是难以言喻。

在这个过程中，诗平对公公的了解愈发深入，我也亦然。我喜欢听那些体现他幽默风趣的故事，以及无论是在家里还是在工作中，他对自己和周围人都会严格要求的故事。

虽然我个人更喜欢面对面的访谈，但我也很庆幸大多数访谈都是通过网络在线上完成的。

有好几次在访谈时，那种悲伤、遗憾和自豪交织在一起的复杂情感令我忍不住落泪，我不得不关掉摄像头来缓解情绪的起伏。难过是因为我希望这些故事是公公亲口讲给我听的；遗憾是因为我希望他能有更多的时间陪伴家人，包括我自己；而自豪是因为直到生命的最后一天，他始终保持着无可指摘的高尚品格。

我对公公有很多不了解的地方，写这本书的过程就像我是第一次真正认识了他。就连我的叔叔，也就是公公的第三个儿子瑞兴也开玩笑说：“我期待着通过阅读这本书来了解（而不是重新认识）我的父亲。”

刘：我们起初认为这本传记将只讲述沈基文先生的事业成就，但随着我和玫的交流越多以及她的挖掘越深入，我们意识到第二个声音正在出现 是玫的声音，由她来讲述沈基文先生不曾显于人前的一面。玫本身也是一位才华横溢的作家，很快她就同意与我共同撰写这本书。尽管自2015年以来我已经习惯了独立创作，但我非常欢迎这种新建立的合作关系，并且它很快就演变成了姐妹情谊。

就这样，她开始采访自己的祖母、叔公们、叔叔们、家族密友和她的表亲们，收集了有关沈基文先生在工作之外的趣闻轶事及人们对他的看法。这些内容凝练成了本书的三个章节，而每次读到这三章，我都不由惊叹，因为它们展现了沈基文先生的不同面貌，而这些都是他的前同事和下属们所不了解的。

玫在书的开头部分介绍了沈基文先生的童年和早年经历。在中间部分，作为对国家建设严肃议题的间歇，她用一个章节介绍了沈基文先生的育儿风格。而在本书的最后一章，玫以一个对祖父怀有深深崇敬之情的孙女的视角，为我们讲述了沈基文先生最后的岁月，感人至深。

此外，几乎每一章的结尾都有玫分享的人际交往或轶事短闻，为我们展现了沈基文先生不同的形象。

其余六章由我撰写，这些内容来自我在2021年的5个月时间里对40多位与沈基文先生产生过重要交集的人物的采访。他们中的每个人都曾在不同阶段与沈基文先生合作过，有些人同他的关系会更为密切。我惊讶地发现，只要提到沈先生的名字，一切就顺利的不可思议，办公室的门会自动打开，面谈邀约也会被很快安排好。从企业高管到前政界人士和学者，每个人都慷慨拨冗接受采访，让我得以从中采撷到关于沈先生的那些珍贵记忆。有些人潸然泪下，有些人在采访出现技术故障时依然耐心等候，还有一些人毫无保留地袒露心声，让我们真切感受到沈基文先生是如何改变了他们的人生。

我注意到这些采访对象有一个共同点，那就是每个人都对沈基文先生有着极高的评价。这感觉就像是在采访合唱团的每位成员，虽然时间和地点各不相同，也没有任何事先准备，但他们都在唱同一首歌。他们根本无须这样做，这不是他们必须完成的绩效指标，他们也不会因此得到任何的回报。这更加让我确信他们所表露出的真挚情感完全源自内心。

写这本书的时候，新加坡仍然处于半封闭状态，边境也依然完全关闭，然而这对我们来说是有利的。因为没有人在旅行，所以几乎每个我们联系上的人都愿意接受采访（事实上，当我们在新闻报纸上看到樟宜机场大厅空荡荡的时候，我们感到无比心痛，因为我们同时了解到沈基文先生在建设樟宜机场时所经历的那些令人难以置信的细节）。而这些故事能够因为我而得以传递，我深感荣幸。

不可避免地，我也开始对这位伟人形成了自己的印象。最深刻的是他每次都能勇敢地面对挑战。从他早年在公务员系统工作，甚至到他退休后进入私营企业工作，他从不惧怕做出大胆的决定。比如确保樟宜机场从决定开始建造那天起的六年内投入使用，在不超出有限预算的同时具备世界一流的员工服务和旅客体验。

另一个印象是他杰出的领导风格。他那超乎寻常的冷静、绝佳的沟通技巧和直截了当的态度在采访中被反复提及。他从不高声训斥，也从未公开贬低过他的下属。他表达要求时清楚明确，只需轻声说一句“你确定吗……”，就能让人们意识到自己犯了错误。正因如此，他也赢得了下属们了坚定不移的忠诚和感激。

同样地，沈基文先生从不高高在上地在空中楼阁里闭门造车。相反，他以“四处走动”的管理模式而著称，人们经常看到他在工作现场和走廊上与机构内各级员工进行交谈，以了解实际情况。这不仅可以让员工对工作更为警觉，也为沈先生做出更明智的决策提供了更全面的信息。我希望更多的领导者都能借鉴这种令人钦佩的工作态度，即使时代不同了，但这样的处事原则永不过时。

沈玫：在这段旅程刚开始的时候，我曾对那么多人能够直接受益于公公的智慧和引领而感到羡慕。我很想知道，为什么他自己的家人却没有太多时间和他在一起，也不了解他在家庭之外的生活?

我开始意识到，如果我仅仅通过公公与家人的相处，亦或仅仅从他在工作中的状态来了解他，都将是片面短浅的。他是一个有工作的家庭成员，同时还对社会这个更大的集体负有责任。

我们每个人都是他或她在社会中扮演的所有不同角色的总和，以公公为例，父亲和祖父亦只是他所担负的两种角色而已。

然而作为他的家人，我们往往忘记了这一点。如今，通过公公的朋友们和前同事们的视角，我对公公有了更清晰的认知。对此，我深表感激。

与家人们谈论已故的亲人从来不是一件容易的事，有时可能会勾起许多未竟的情绪。这让我意识到，在我们还有机会时，保持与家人的沟通是多么重要。公公的弟弟和堂兄弟们提供了许多他们早年成长岁月的那些记忆。而想要说服我的叔叔们，尤其是我的父亲，分享他们的童年故事就比较困难了。他们常常质疑这些故事与这本书和公公的生平的相关性：“人们真的关心他在家里是什么样子吗？为什么你需要这么多细节？”

也许我可能没有公公的大部分才能，但我相信我继承了他的坚韧。所以我没有放弃询问。我不断劝说父亲和叔叔们分享他们的故事，不断恳求他们深入挖掘自己的童年记忆；让他们相信，这些故事能让我们更全面地了解他们的父亲。我很庆幸自己坚持不懈地打消了他们的顾虑，因为很快，那些被压抑的情感和与之相关的故事如潮水般涌现。

但我写这本书时最美好的回忆，还是每晚我为八岁的儿子贤文哄睡的时刻。他几乎每周都会问我“妈妈，你又写了什么新故事吗？”他自称是我的“非官方间接编辑”。

我还记得许多个夜晚，我坐在他身边，读着我们那周所写的新段落。他听得非常认真，沉浸在每一个细节中，有时还会停下来问我问题。我期待着将来可以再读给我五岁的女儿俪恩听。

写这本书的目的是为了通过公公的故事让人们了解新加坡历史的一部分。

同时这也是为了让我的孩子懂得饮水思源的道理，并像我一样心怀感激。

刘诗平 & 沈玫：我们说过这本书与众不同，对吧？

第一章

唐人街男孩

作者：沈玫

我的祖父沈基文去世前两周曾要求我们带他去海边。他坐着轮椅在樟宜尾沿岸步行道的尽头，木板路与大海相接的地方，长长地叹了一口气。

几天前，祖父曾告诉他的五个儿子，他想去三个地方：樟宜尾、樟宜机场和唐人街。那时他已身患癌症和肺炎，身体很虚弱，或许他已经知道自己时日无多。

我想象着，在那一声叹息间，他将自己此生的所有成就、欢喜与遗憾一并吐出，让大海成为他人生故事的归宿。岁月流逝，它们也随之消失在大海深处。如果海浪会写字，潮汐会说话，我好奇它们会对我低语些什么。

我的祖父或“公公”（他的五个孙女这么称呼他）在年幼时可能做梦也不敢想，他会拥有如此充实的人生。虽然他从未说过，但我们相信，那三个地方对他来说应该是最重要的，是影响他一生的地方。

公公的三儿子瑞兴回忆道：“我们在樟宜海滩的樟宜尾度过了小时候最快乐的一段时光。他会带我们在那里钓鱼，甚至露营。”

第二个地点是樟宜机场3号航站楼的施工现场，他曾亲自负责了航站楼的开发。我相信，在公公他那漫长又多元化的职业生涯中，樟宜机场的那段工作经历无疑给予了他最大的成就感。因此，他想去那里看看也不足为奇。

瑞兴遗憾地说道："我们不明白的是他为什么想去唐人街。我们不知道他想去唐人街的哪个地方，因为那时他已经虚弱到无法表达了。我们还没来得及带他去，他就去世了。"当时我们都不知道，公公大部分的童年和少年时光其实都是在新加坡河畔度过的。

1929年9月5日，公公在新加坡河畔埃尔金桥（Elgin Bridge）83号驳船码头边一栋三层楼店屋里出生。他排行老二，有一个哥哥和弟弟妹妹，六男四女，其中还包括两个领养的妹妹。他的童年就是在这条河道边度过的。在当时，对年轻一代来说，新加坡河就像是一个"失落的世界"，到处都是贫民窟、舯舡、甘榜和傲慢的殖民者。

他们的父亲沈宝荣（Peter Sim Poh Eng）（孩子们都叫他"阿爸"）很幸运，能在那普遍以体力劳动为主的年代从事文职工作，因此他们一家能够租下店屋的整个顶层。他们甚至还雇得起女佣（粤语称"妈姐"）。在当时，这样大小的空间通常会由至少五六个家庭合租。

据比公公小三岁的弟弟沈基顺（Sim Kee Soon）（后辈们又称他为凯利叔叔）说，妈姐特别疼爱公公。她会保护他免受其他孩子的欺负，他不在的时候还会为他单独留吃的。

公公上小学时，也就是二战前，他们搬到了新那阁街（Synagogue Street）的另一栋三层楼店屋，租下了顶层，并将其中两间卧室分租给另外两个家庭，以贴补家用。

那栋店屋狭小逼仄，生活环境十分拥挤，男孩们挤在一间屋子里，父母在另一间屋子里，而客厅则兼作女孩们和妈姐的卧室。公公和他的长兄基林（Kee Lim）睡一张上下床，公公睡上层。其余的兄弟姐妹则直接睡在铺着油毡的地板上，或者争着睡在一张帆布床（粤语称“翻铺床”）上，而这张床白天会被折叠起来放在厨房里。

每到周末，公公和他的兄弟们就会花时间把那脏兮兮、偶尔还有臭虫的帆布床拖去尘土飞扬的路边用水管彻底清洗一番。因为臭虫喜欢聚集在床的两侧，所以睡在两边的“幸运儿”就会成为它们的“美食”。

他们会先用木棍拍打床面，除去虫子和灰尘，然后再用肥皂和水进行清洗。之后，男孩们会把湿漉漉的帆布床背回家，一路从牛、马和背着沉重麻袋、满头大汗的苦力旁擦身而过。可想而知，等他们回到家时，那张帆布床通常已经变得和去之前一样脏了。

实际上，公公选择当一名公务员并不令人意外，因为他就出身于公务员家庭。他的祖父当时为英国殖民地政府工作，收入可观，足以负担得起纳福路5号的一个小甘榜。虽然曾祖父是公职人员，但是他在那里又建了几间亚答屋，并把这些房子变成了非法赌博窝点。凯利叔叔打趣地说道：“他大概就是靠这个才养得起四个老婆的！”

曾祖父白天的工作是负责监督管理（马来语称“kepala”）那些倒夜香的工人。

在当时，新加坡的污水处理系统尚未完善，抽水马桶也不普遍，因此许多家庭直到80年代都得依靠夜间收粪工来收集清理每日的排泄物。人们经常可以看到身材瘦削、上身赤裸的工人肩上扛着一根长杆，杆的两端各放着一个粪桶，在一排排店面和马路上来回穿梭。凯利叔叔回忆道，有时这些工人甚至会直接徒手清理那些粪桶。

公公的祖父通常身穿白色长袍，头戴白色帽子（马来语称“topi”），坐在收集粪便的推车上，监督几组工人工作。每家每户的粪桶都会分开放在设有格子的车上。车子由司机驾驶，但是没有多余的空间让工人站在上面，因此他们只能靠在车的侧边，抓住绳子来保持平衡。曾祖父会拿着一个写有地址的小本子，忙着记下每家每户当天的收集情况。

我有点怀疑，公公长大后来对卫生间干净程度的执念，或许就是受到他祖父职业潜移默化的影响。我记得他总是说，无论是餐厅、酒店还是机场，从卫生间的状况就能看出管理的好坏。他的理念是，如果经营者能关注到卫生间清洁程度等小细节，那么他们一定也会关注那些更大、更重要的事项。

公公之所以对卫生间格外在意，也可能源自他对人们随意将下水道（马来语称“longkang”）当做方便之地的极度厌恶，以及他们当时位于新那阁街的家旁边就恰好挨着公厕。

凯利叔叔说道：“那个公厕臭名昭著，你在看到它之前就能闻到它的气味。潮湿阴暗的地板上永远覆盖着一层尿液和粪便。我们几个兄弟姐妹，尤其是基文，都对它深恶痛绝。”

公公的父亲也是一名公务员，在殖民地政府管制鸦片发放的办公室里担任首席文员。尽管鸦片的危害众所周知，但向来秉持实用主义的英国殖民地政府认为鸦片是一种必要之恶。

对许多收入微薄，主要从事苦力、建筑工人或人力车夫等体力活的贫穷劳动者来说，鸦片不仅能让他们摆脱日复一日重复劳动所带来的身体疼痛，还能让他们在精神和情绪上得到解脱。

20世纪初，殖民地政府凭借《鸦片税收条例》（The Chandu Revenue Ordinance）对鸦片的销售进行了管控。随后在1929年，殖民地政府又允许已登记的瘾君子购买限量鸦片。有趣的是，鸦片销售是殖民地政府最重要的收入来源之一，占其年收入的40%至50%。

一个夜香收集主管的孙子和鸦片分发员的儿子后来能做到新加坡公务员体系里的最高级别，这不禁让我想起我所喜爱的新加坡的一切，即我们是一个社会流动性高、机遇多且潜力不可估量的国家。

作为首席文员，曾祖父经常需要监管不同的药房。第二次世界大战前夕，他被派往到离新那阁街的家不远的中国街上的一家配药房。闻起来像蜂蜜一样甜的鸦片被装在铝箔密封的小盒子里，而登记在册的顾客，也就是鸦片瘾君子们，会在药房门外排队领取他们的配额。由于这些政府经营的鸦片药房经常遭到盗窃，为了维持秩序，药房外通常会有一名身材魁梧、手持步枪的锡克警卫把守。

公公和他的兄弟们路过父亲工作的药房时，观察到那些人会在吸完鸦片后，刮掉烟斗里的残渣并将其与咖啡混合，然后坐在那里几个小时享受着那残留的快感。对他们来说，鸦片是如此珍贵，一克都不能浪费。

在家里，曾祖父和当时的大多数家长一样，对公公和他的兄弟姐妹非常严厉。下班回到家后，他希望看到孩子们都在帮忙做一些家务。无论是扫地、帮忙做晚饭还是洗碗，即使是年幼的孩子也必须做些事情。他对无所事事的人没有什么耐心。

他同样严厉看待孩子们的学业。每学年结束时，所有男孩都要拿着成绩单在父亲的卧室外排队。叫到谁的名字，谁就走进房间向曾祖父汇报考试成绩。只要成绩不是全优，就会挨一顿打。有几次，公公的妈妈试图阻止，结果也挨了打。

公公的母亲郑英娇像那个时代的大多数女性，是一名家庭主妇。她出生在金吉的一个农民家庭，由于家境贫寒，没有能力让她接受教育，但这不妨碍她坦然面对生活。在人们的记忆里，她对子女和周围的人总是温柔和善。正是由于她的坚韧和忍耐，她得以拥有99年的健康长寿，不仅看到了孙辈，还看到了曾孙辈。

公公有次自作聪明地穿了两条裤子去见他父亲，希望额外的衬垫能减轻挨打的疼痛。结果可想而知！

尽管曾祖父经常使用棍棒教育，但在还是小孩子的公公眼里，如果情况所需，即使要冒着惹怒父亲的风险，他也会照做的。在公公还不到10岁时，他床边的橱柜顶上摆放了一座摆钟。不幸的是，那座摆钟不仅每秒都“滴答”作响，每15分钟还会像伦敦的大本钟一样鸣响一次。睡眠很浅的公公被这些声音吵得几乎无法入睡。

为了摆脱这些噪音，他把摆钟弄停，即停止它继续计时。由于这座钟是他们家里唯一的计时工具，曾祖父需要靠它来得知上班时间，所以如果公公的行为被他父亲发现，一定会招来一顿好打。

尽管如此，公公还是愿意冒这个险，而且大部分的时候，他都能在无人察觉的情况下停止和重启时钟。他所要做的就是在凌晨5点皇家山上响起雷鸣般的炮声时醒来，重新设置时间，让钟摆摆动起来。这样一来，就没有人会知道他们晚上睡觉时，那座摆钟曾停止过。

在某种程度上说，从公公处理时钟噪声的方式就能早早看出他管理风险的方法。他曾经说过：“当你需要制定计划时，你必须要有两到三个退路。在思虑周详之前，不要轻举妄动。”在摆钟这件事例，鸣炮就是他的后备方案，因为他确信大炮一定会准时发射。

当公公和他的兄弟们到了入学的年龄后，他们被送入位于哥里门街（Coleman Street）的英华学校（Anglo-Chinese School，ACS）就读。这是离他们家最近的小学，也是他们父亲的母校。每天早上，四个男孩挤在一辆人力车里去上学。

年仅11岁的公公决定在放学后创业。他发现干苦力活的劳工们通常会凑钱买一盒香烟，因为他们买不起一整盒。在20世纪30年代末和40年代初，劳工的工资每天不超过一叻币（Straits dollar），而一盒20支的香烟大约要50分，称得上是奢侈品。

于是，公公从他祖母那里借钱买了几包烟，拆开后向河边的工人们零卖，让他们可以方便快捷地抽上一支。公公把这些香烟一根根地摆在小盒子里，盒子里还点着一支香，方便工人们用来点烟。年幼的公公在那时就已经考虑到了顾客整体体验的各个环节。

公公是一个勤奋而严谨的企业家，他执意让弟弟们也加入他的小集团，向工人们销售香烟。凭借他们的努力，男孩们很快就把本钱还给了祖母，小生意也逐渐开始盈利。

除了兜售香烟，公公还有一个副业——一个临时搭建的游戏摊。他和弟弟们一起用钉子把橡皮筋固定在一个废弃的木箱里，做成一个迷宫来吸引附近的其他孩子们尝试用弹珠穿过迷宫。他们会象征性地收点费用，并将糖果作为奖品送给挑战成功的玩家。

这两笔生意为公公和他的弟弟们提供了源源不断的零花钱，也让他们在课余时间没空去调皮捣蛋。正是这些看似微不足道的小生意在随后的几年里，却成了家里亟需的额外收入来源。

战争年代

1942年2月15日，当新加坡落入日本侵略军之手时，公公只有12岁。那是新加坡历史上最黑暗的一段时期。

日军激烈的战斗和持续不断的轰炸迫使英国投降，预示着日军占领时期的恐怖处境。1941年12月，日军开始了无情的空袭。

不间断的轰炸摧毁了岛上大部分基础设施，包括供水系统和军事目标，并最终发展成残酷的陆地战。不幸的是，英军和本地部队根本不是经验丰富的日军的对手。在此之前，日军用了几个月的时间一路击败英军攻城掠地，从马来亚半岛杀到了新加坡。

几乎是一夜之间，新加坡被改名为“昭南岛”（Syonan），意为“南方的光明之岛”。不久后，日军下令，要求岛上所有18至50岁的华族男性前往各地的筛查中心报到。曾祖父也是被传唤并要求到维多利亚学校登记的人之一。据家族传闻，曾祖父当时急切地去参加甄别，因为他以为日本人是要给他安排工作。日军手里有一份包含所有殖民地政府工作人员的名单，他们逐一点名，确认当事人的到场情况。当曾祖父的名字被叫到时，日本军官一定已经知道，作为殖民地政府负责鸦片分配的首席文员，曾祖父有足够的权限打开办公室的保险柜。

随后，曾祖父被秘密要求把办公室保险柜里的钱拿给在场的日本军官。曾祖父虽然不知道为何要这么做，但还是照办了。作为回报，他得到了一根写有日文的小竹牌。这意味着他受到日军的保护。

然后，他们让曾祖父赶紧回家，不要再回来。我的曾曾祖父试图与日本士兵争辩，恳求他们让他的儿子回到排队的人群中，因为他以为那是为求职者所准备的。好在曾祖父命大，那位日本兵拒绝了他，并强迫他回家。曾祖父不知道，那将是他最后一次在筛查中心见到这些人。因为他们被日军怀疑心怀反日情绪，最后全被押送上卡车前往刑场处决。约有5万人在那场后来被称为“肃清大屠杀”

的行动中丧生。

与许多其他家庭一样，公公一家在战争期间生活艰难。除了以红薯为主食外，他们还得吃蘸了棕榈油的面条来预防脚气病。棕榈油难以消化，而且味道难闻，所以公公和他的弟妹们常常在吃面之前偷偷地把棕榈油冲洗掉。

除了利用恐惧和暴力统治民众，日军还希望民众接受日语以及日本的服从与纪律价值观，并相信日本是在将他们从西方影响的弊病中拯救出来。为此，日军通过报纸、电台广播和公共活动的持续宣传来影响成年人，并通过对教育系统进行彻底改革来影响儿童。

因此，几乎所有的英校和华校都被关闭，而大多数的马来语和泰米尔语学校则被允许继续运营。日本人开办了许多日语小学，让孩子们从小就被灌输新秩序（Shin Chitsujo）的理念，好让他们摒弃之前所受的西方思想和习惯。

公公他们就读的英华学校因为是一所由西方传教士创办的基督教学校，所以也被关闭。公公于是去了位于惹兰苏丹的昭南日本学园（Shônan Nihon Gakuen）上学。据凯利叔叔说，学生们每个月都会得到一块肥皂和一些大米作为入读日本小学的奖励。

日本学校的条件相对还算不错，学生们主要由华族教师教授一些实用课程，比如木工和金属焊接等。日语则由态度温和的日本教师教授。学生们穿蓝色工装作为校服，佩戴不同颜色的帽子以区分他们所处的年级。比如，公公的帽子是棕色的，而凯利叔叔的则是白色的。

日占时期公公也没有停止经营他的香烟生意，尤其是在他父亲失业的那段时期。他继续在河边偷偷地兜售香烟，以补贴家里微薄的收入。

尽管经历了战争的恐怖，公公后来还是喜爱吃日本料理。事实上，我和他最后一次共进晚餐是在2007年一家位于武吉士洲际酒店里的日本餐馆竹葉亭（Chikuyotei）。

我一直好奇，公公是如何在经历了那段黑暗的日子后，依然不对日本人怀有任何怨恨的。这或许是因为他的父亲当时奇迹般地幸免于难吧。

日占时期，公公一家人的关系也发生了一些变化。曾祖父将他的第二位妻子介绍给了家人，她是一位二十出头的年轻女子，长相清秀，只知道她叫梅芳（Muay Fong），孩子们都称呼她为“阿姨”。她没有和公公一家住在一起，而是单独住在珠烈街（Chulia Street）的一间小房间里。

凯利叔叔还记得，在战争期间，家里总是会确保她有足够的食物，并吩咐妈姐每天给她送热食。由于无法生育，她收养了一个小女孩。后来，当公公的母亲再次怀孕时，阿姨请求她将那孩子过给她，公公的母亲同意了。后来，她又收养了第三个孩子，也是一个女孩。

安静的少年

战后，为了让阿姨有事可做，曾祖父在芽笼租了一间小店屋，让她经营杂货店。这样她和孩子们还可以住在楼上。可惜她红颜薄命，年仅40多岁就过世了。

1945年9月，随着日本战败，战争终于结束了。教育体系很快就恢复至英国模式，学生们按照被占领前所在的年级继续学业。于是，公公去了着落在经禧路（Cairnhill Road）的英华学校继续接受正规的“西式”中学教育。他上中学一年级时大约是16岁。

公公是战后能够继续接受教育的幸运儿之一，而他的哥哥基林却不得不放弃高等教育，因为他已经到了可以出去工作来帮助养家的年龄。据家里人说，基林是所有兄弟姐妹中最聪明的一个，但作为长子，他有责任帮助养活沈家的众多兄弟姐妹。虽然基林在49岁时就早早离开了人世，但他为家族所做出的牺牲和贡献仍深深地镌刻在大家的记忆中。

公公与当时大多数的学生一样，骑自行车上学，而少数家境富裕的学生则由司机接送。他发现自己停在校门口的自行车轮胎经常被划破，其他骑自行车的同学也遭到了相同的情况——是一群淘气男生的恶作剧。据公公的同学黄成华回忆说，公公从不对此抱怨或想要报复，只是平静地将自行车推回家修补。

公公在青少年时期热爱篮球，这使他拥有了健壮的体格和标志性的古铜色肤色。那时，他就有了自己的专属发型——蓬松的右偏分。他健美的身材一直保持到成年，而该发型则伴随了他一生。篮球在公公的学生时期占据了主导地位，他常常在学校和家附近的操场上打篮球。他在中学的最后一年，成为了英华学校篮球队的副队长，与担任队长的黄成华并肩作战。

黄成华分享道："我们那时对篮球非常痴迷，每天至少要打两次，白天在校队打篮球，晚上在腾空篮球俱乐部打。虽然我们很难打败华学的篮球校队，但我们一般都能轻松地战胜莱佛士书院和圣安德烈学院。"

"由于基文非常善于投球，所以他负责打前锋。他投球的方式与众不同，无人能及。别人都是向正前方起跳投球，他却是跳起后将球从侧面扔进篮框。这招常令对手迷惑，因为他的脸和身体都是朝前的，但手却把球侧着投蓝，而且几乎百发百中。没人能弄明白他是怎么做到的；为什么他能在看向别处的同时将球精准地投进篮框里！"

篮球是他们生活中不可或缺的一部分，他们甚至在高级剑桥考试（相当于高中毕业考试）前后仍肆无忌惮地相约打球。黄成华补充道："不知为何，尽管他大部分时间都在打球，基文的成绩依然很好。"

除了体育运动，公公还加入了男少年旅（Boys' Brigade）。在公公的葬礼上，男少年旅第二营和第十二营的成员不但出席他的葬礼，还出动了仪仗队并为公公演奏军人葬礼号（Last Post），我对此一直深怀感激。

公公在课堂上既不是那种爱表现的学生，也不是一言不发的那种。黄成华回忆道："他该说话时会说，不会多说也不少说。他说话非常谨慎，不会说多余的话。有时候，那些非常调皮的男生会在班上捉弄其他人。基文就会出声制止，但大多时候他会保持沉默，不引人注意。"

公公会在学校放假期间利用空闲时间去他叔叔位于仰光路12号的电子产品店"沈氏电器行"（Sim Electric）帮忙。或许是因为他整天都在捣鼓电机，所以他后来非常精通各种电器的维修。家里人常说，公公在家时最喜欢的解压方式就是四处寻找那些保险丝烧坏的灯泡来换。

除了在售卖香烟的生意事情上展现出企业家精神，公公还是一个精打细算的人，总是避免不必要的开支，并想出一些颇具创意的办法来节省开支。

凯利叔叔还记得，公公上中学时需要在校服短裤里穿内裤，他就在家里找来旧衣服，把布料剪成两个相连的菱形，然后将每块菱形布对折，形成两个倒三角形，类似于现代的比基尼底裤。为了把两部分连接起来，公公会用剪刀在上面戳孔，然后用棉线把它们缝在一起。不出所料，他的这款自制内裤很快就受到了其他兄弟们的追捧。

1948年，公公终于从中学毕业，那时他已经19岁了。在等待成绩的期间，他在中正中学（Chung Cheng High School）和位于快乐山（Mount Pleasant）警察学校担任兼职教师。白天，他在警校教见习督察英语，晚上则在莱佛士书院教警员们英语。凯利叔叔回忆道，公公骑着他那600cc的凯旋摩托车在城里来回穿梭于不同工作岗位时的样子非常酷。

公公在警校的工作对他的一生影响最大。警校于1929年开办，直到2005年搬迁到位于蔡厝港的新校址为止，有无数警察从这里毕业。公公在快乐山警校遇到了佘玉鳳（Jeannette Liew）——他未来的妻子、他五个儿子的母亲，也就是我的婆婆[1]。婆婆和公公一样，也在警校教警官英语。

“那时，我有很多追求者，有的很有钱，但他们很张扬，喜欢开着豪车炫耀。而你的公公则完全不一样。他很安静，也很谦逊。我母亲非常喜欢他，因为他体贴有礼。”婆婆回忆道。

“他那时也没有什么值得炫耀的。他家境并不富裕，事实上他还挺小气的！我们约会时，他只是来我位于加东（Katong）的家和我父母一起吃晚饭，然后和我去海边散步。”婆婆眼里闪烁着调皮的光芒说道。

“我选择他是因为我知道他会好好照顾我和我的父母，这才是最重要的。”她继续说道。1949年，20岁的公公开始在马来亚大学攻读经济学学士学位，婆婆则继续在警校任教。

第一年学习结束后，他以优异的表现获得了图书奖和大学奖学金。然而，最后他只以二级乙等荣誉学位毕业，我的父亲瑞炎认为这是因为公公太享受大学生活了。公公告诉我父亲，他在大学期间对古典音乐产生了浓厚的兴趣，并花很多时间在杜尼安路宿舍（Dunearn Road Hostel）聆听古典音乐。他还和大学同学蔡卓林（Chua

[1] 尽管传统上，“婆婆”是对外祖母的中文称呼，但是我的祖母更喜欢我们称呼她为“婆婆”。

Choo Lim）一起骑摩托车去兜风，蔡卓林后来成了他的伴郎。

1953年，24岁的公公大学毕业后，进入当时殖民地政府的工商部工作。

与此同时，他和婆婆的感情也日渐深厚，并决定结婚。“我当时大概22或23岁。你公公非常务实。他说，‘我喜欢你，你也喜欢我，我们结婚吧’。于是，我们就结婚了。”婆婆回忆道。

1955年1月9日，教堂钟声在卫理公会勿洛教堂（Bedok Methodist Church）响起。婚礼规模不大，但却十分喜庆，约有40位宾客参加了午宴。

婚后，他们与婆婆的父母一起住在郭川大道31号（Kuo Chuan Avenue），我的父亲瑞炎在同年晚些时候出生，并以公公的爸爸命名。

伦敦的呼唤

新婚不到一年，刚喜得贵子的公公就被时任工商部部长朱玛波霍伊先生（J. M. Jumabhoy）选中，依靠政府提供的全额奖学金前往伦敦政治经济学院（LSE）攻读研究生课程。

朱玛波霍伊先生在公公的追悼会上与我父亲瑞炎分享了公公早期那段鲜为人知的片段。

公公获得奖学金时，正值“反殖民主义”、“自治”和“独立”思潮盛行、政治气氛紧张时期。新加坡第一任首席部长兼工党领袖大卫·马绍尔（David Marshall）在那不久前刚前往伦敦，就新加坡的自治问题与英国政府进行了谈判。就在一年前，即1955年，各个政党参与角逐了第一次立法议会选举。

随着新加坡自治在即（虽然其形式和结构在当时还尚

未明确），英国殖民地政府需要确保新加坡拥有合适的人才，以构成未来政府的骨干力量，因此愿意投资培养人才。

公公在伦敦政治经济学院就读的课程成了争论的焦点。工商部最初要求他攻读工商管理研究生课程。公公在马来亚大学经济学院就读时的教授西尔科克先生（T.H. Silcock）向伦敦政治经济学院工商管理系主任阿诺德·普兰特爵士（Sir Arnold Plant）提交了一份请愿书以支持这一请求。

西尔科克教授在1956年5月15日执笔的保密推荐信在某种程度上预示了公公未来的职业轨迹。他在信中写道："沈先生聪明能干，但由于宪政结构的迅速变化，他很可能要承担对他这个年纪的人来说过于沉重的责任。我个人并不认为他成长得特别快，但如果在英国求学期间可以得到适当的监督和关注，学生有时会加快成长速度。我非常希望您能录取他，同时也希望您能给与他这方面的特殊关照。未来沈先生可能需要承担作出许多重大决策的责任，我希望你们能意识到任何对他的关注都可能对这个港口（新加坡）的未来产生重要影响。"

1956年6月6日，该学院的教务长在答复西尔科克教授时写道："阿诺德·普兰特爵士要我告知您，工商管理一年制研究生课程主要是为那些未来计划在工商界发展的学生而设的，所以我们并不认为此课程适合那些打算在公务员体系发展的学生。因此，我们与殖民地办公室商议后，建议为他注册普通全科课程，让学生可根据自己的需要，从学校的所有讲座中选一门自己需要的课程。"

殖民地政府对伦敦政治经济学院的答复并不满意，并于1956年7月10日通过殖民地学者主任戴维斯先生（D. Davis）再次致函该学院的教务长，重申他们希望让公公进入工商管理课程学习的诉求。

我认为，正是这封信记录了公公当时被给予了怎样的厚望："……新加坡政府认为，普通全科课程不如工商管理课程更符合他们的目的，因为沈先生未来的工作职责将使他与新加坡的实业家和其他商界人士密切接触，所以他们认为只有工商管理课程才能为他提供履行这些职责以及后续可能在殖民地办公室和其他政府部门任职所需的专业背景……"

尽管新加坡政府在1956年5月至10月期间多次向校方发出书面请求，但最终还是默许了该校的建议，让公公参加为期一年的普通课程。

关于公公学业安排的漫长沟通过程正赶上政治特别动荡的时期。马绍尔曾率领代表团前往伦敦争取自治，但可惜未能成功。随后他宣布辞职，由林有福接任首席部长一职。正是在这种背景下，政府意识到公务员体系急需年轻人才来支持政治工作。

伦敦政治经济学院的普通课程设立于1910年，为海外学生提供一年的学习时间。参加该课程的学生可以参加学校的任何讲座，但有导师单独辅导的课程除外。由于学生没有接受任何正式指导，普通课程的学生无权获得任何官方认可的证书。读着这些信，回想着伦敦政治经济学院对拒绝公公攻读工商管理课程的坚持，我也不禁腹诽，公公的二等乙级学位是不是为此增加了难度。

这事在当时一定令公公感到失望，我猜想，他本以为自己至少能获得一张工商管理研究生的证书。不过，能有机会进入世界上最负盛名的商学院之一学习，并在那里结识一些经济学界最杰出的人物，本就已经是无价之宝。

虽然公公对这些信件内容并不知晓，但当我回顾这些信件，我多少能感受到公公所承受的无形压力。他之所以被选中，一定是因为当时领导们从这位年仅27岁的年轻人身上看到了某些特质，让他们相信他所具备的能力和性格，足以在商业、公务员和政府领域游刃有余。

政府奖学金在当时非常稀有，以至于《海峡时报》（*The Straits Times*）于1956年9月20日专门刊登了公公的伦敦之行，尽管报道并不完全准确："新加坡工商部助理秘书沈基文先生于昨日搭乘澳洲航空飞往英国，参加工商管理课程。"

当时我父亲瑞炎只有一岁，几个月后，他和婆婆一同前往伦敦与公公团聚。

1958年，当公公回到新加坡时，他发现这个岛国正处于变革的风口浪尖。在他离开期间，英国王室与由当时的首席部长林有福率领的新加坡自治代表团进行了谈判，决定建立一个新加坡自治邦，立法议会由51名议员组成，议员完全由民众投票选举产生。首席部长一职将由总理取代，总理及其内阁将全权负责除外交和国防以外的所有政府事务。

在争取独立的激情岁月里，公公继续在工商部工作。那时候，公务员们全员上阵，齐心协力解决教育、住房、粮食供给以及日益加剧的社会内乱和政治动荡等诸多关键问题。

那时的自治政府渴望崭新的未来，而公公和其他初代公务员们恰逢其时地播下了变革的种子。

第二章

模范公仆

作者：刘诗平

荷兰经济学家、1961年至1984年任新加坡政府顾问的阿尔伯特·魏森梅斯博士（Dr. Albert Winsemius）曾说过，最理想的新加坡公务员应具备韩瑞生（Hon Sui Sen[1]）的冷静沉稳，侯永昌（Howe Yoon Chong[2]）的严谨自律；以及沈基文温文尔雅的经商风格。

魏梅森博士之所以这样说，是因为他亲眼见证了沈基文的升迁之路。他从1953年在财政部长办公室工作的一名普通官员，晋升为公务员首长（1979年至1984年）并担任此职位直至退休。作为初代公务员之一，沈基文亲历新加坡历史上的众多关键事件，其中包括参与了新马合并的谈判。

沈基文和他的同事们，一直与“政坛元老”，即新加坡第一代政治领导人并肩协作，从最初为了确保新加坡的独立生存，到后来极力将新加坡从一个转口港打造为制

---

1 韩瑞生，曾任经济发展局首任主席并于1970年至1983年期间担任新加坡财政部长。

2 侯永昌，于1975年至1979年期间担任公务员首长，后由沈基文接任该职位。他随后从政五年，先后担任国防部长和卫生部长。

造和服务业中心。在他所取得的众多成就中，最令人铭记于心的应当是他成功落实了当时新加坡规模最大的基建项目，即樟宜机场的建设，并将其发展成为世界级的航空枢纽。

沈基文作为公务员却兼具优秀企业家思维的特点并没有被政治领袖忽视。前总理李光耀在他的悼词中这样评价沈基文："他是与我共事过的所有官员中最全能的一个，既有行政管理技能，又有商业头脑，还具备了良好的人际交往能力，这让他足以成为一名成功的企业家。"

沈基文早年在公务员体系的工作经历无疑造就了后日的他。他刚加入公务员队伍时，高级职位主要由英国人担任。1958年，英国政府同意新加坡自治；次年，由李光耀领导的人民行动党（People's Action Party）在大选中获胜，李光耀随之宣誓就任新加坡的首任总理。

公务员体系也因此开始发生变化。在李光耀的领导下，政府做的第一件事就是取消所有公务员的生活津贴，这相当于减薪5%到35%，具体降幅取决于官员的资历。

另一方面，本地公务员也有了更多的晋升机会。幸而英国公务员在交接期间十分负责，确保了自治政府的顺利过渡。此外，英国人还留下了部长与常务秘书紧密合作的传统。

这让沈基文这样的高级公务员，能够发挥所长，协助新加坡政治领袖采取必要措施，让这个自然资源匮乏的岛国足以自力更生，尤其是在对外谈判方面。

李显龙总理记得，1967年11月，当时的英国首相哈罗德·威尔逊（Harold Wilson）决定对英镑贬值，而新加坡是在公开宣布的前一天晚上才得到通知。当时只有短短几个小时来迅速评估英国此举所带来的结果和影响，尤其是对当时与英镑挂钩的新元的影响。虽然当时他还是个少年，但李显龙清楚地记得当时在总统府发生的景象，以及沈基文在国家独立初期的关键决策中所扮演的角色。

“沈基文当时是财政部常务秘书，紧密配合李光耀先生的工作。我当时只有15岁，只见四下一片忙碌。没有人告诉我到底发生了什么，但英镑贬值的事已经上了新闻，所以我猜应该与此有关。我还记得看到沈基文在会议结束后拿着厚厚一叠文件从总理官邸（Sri Temasek）走出来，与李先生做了简短交流后，就匆匆离开去处理事务了。”

“这是一个重大的决定。如果我们维持新元的币值，货币委员会在外汇资产上出现的缺口就需要由政府补足；而如果我们继续将新元与英镑挂钩并让新元贬值，这将影响新元的信誉，提高进口商品的成本，进而损害普通民众的利益。”

“沈基文和他的团队成员们为此进行了反复核算，最后，内阁决定不让新元贬值。这就是我们初代公务员在新加坡独立初期的工作状态。”

时任总统纳丹（S. R. Nathan）也对沈基文记忆深刻。在沈基文逝世后，他在悼念他的文章中写道：“在新加坡自治和独立的初期，沈基文展现出对这个新国家不懈的热情与付出。”

“贸易和经济问题导致我们与邻国关系紧张。谈判不仅内容复杂，还涉及不同文化背景的政府机构，因此经常陷入僵局，甚至到了破裂的边缘，对双边关系造成了不利影响。”

“在这种情况下，总是由沈基文出面主导讨论并最终达成友好协议。他温和的气质和对不同敏感问题的洞察总能平息纷争，达成一致意见。”

与马来西亚的合并

人民行动党在1959年大选前的竞选承诺包括与马来亚联合邦建立共同市场，使两地之间的货物能够自由流通。这是新加坡从英国获得独立，然后与马来亚联合邦合并的愿景之一。人民行动党获胜后，财政部长吴庆瑞立即着手建立商品共同市场。

从一开始，沈基文就作为新加坡的主要谈判代表之一参与其中。当时，他作为新加坡财政部商业与工业司的代理首席助理秘书，参加了由财政部常务秘书阿布・巴卡尔・帕万吉（Abu Bakar Pawanchee）率领的八人谈判代表团。谈判从1960年开始，由于在条款问题上存在分歧，谈判时断时续，陷入僵局。

例如，联合邦担心新加坡生产的商品在进入马来亚时会导致进口关税的减少。联合邦甚至向联合国求助，希望借助专家的建议解决这些难题。

在反复磋商中，世界银行的吕夫委员会（Rueff Commission）在分析了联合邦1962年至1963年的经济后，强烈建议成立共同市场。李光耀坚持要求在由马来亚联合邦、新加坡、沙巴和砂拉越组成的马来西亚联邦宪法中加入有关共同实体的条款。

作为国家发展部的代理常务秘书，年仅34岁的沈基文就陪同李光耀前往伦敦，与英国政府就合并问题进行谈判。

1963年，新加坡加入马来西亚后为了确保共同市场的形成，于次年成立了马来西亚关税咨询委员会（TAB）。沈基文代表新加坡被任命为该委员会的三位副主席之一，在联邦首都吉隆坡一住就是两年。纳丹在给沈基文的悼词中写道："在审议新加坡提交联邦政府的多项提案的过程中，沈基文毫无疑问承受着最大的压力，然而这些提案最终无一获得联邦政府的批准。”

也可以说，是沈基文的优秀为他自己带来了麻烦。新加坡经济发展局（EDB）前部长丹那巴南（S. Dhanabalan）当时是发展局的经济学家，他记得马来西亚人如何对沈基文心存疑虑。他说：“马来西亚人看待问题的出发点就是不要相信新加坡人，即使我们为了让谈判顺利进行而做出让步，他们也会认为这背后一定还有什么不可告人的缘由。”

“因为沈基文总是思虑周详，高瞻远瞩，所以马来西亚人认为他很难对付，谈判时就愈发谨慎，导致沈基文在很多领域的工作都无法顺利开展下去。”丹那巴南补充道。他与沈基文在那段时间层密切合作，后来他也在新加坡内阁中担任多项职务。

钱德拉·达斯（S. Chandra Das）是丹那巴南在经济发展局的同事，他亲身经历了部分谈判，并注意到沈基文的马来西亚同行们常常对他心生畏惧，仅仅是因为他是一位娴熟和干练的谈判专家。沈基文有一个优势——他认识许多坐在谈判桌另一边的人。“他们都是大学同学并一直保持联系。虽然他从未因此在谈判中让步，但他会潜移默化地影响对方，比如在正式谈判前经常和他们闲聊。这令对方十分警惕。”达斯说道。

阿卜杜勒·舒科尔·哈桑（Abdul Shukor Hassan）当时是马来西亚关税咨询委员会另一名副主席苏雅克·拉希曼（Sujak Rahiman）的助理秘书。他作为参与谈判的另一方发表了自己的看法：“沈基文给我留下深刻印象，他学识渊博，时刻保持专注和警觉。他会在会议上提出一些发人深思的问题，是初入公务员行列的年轻政府官员的榜样。”

在面试助理秘书一职时，沈基文突然问舒科尔会用什么方案来说服居住在新加坡马来社区的居民从社区搬离，迁入高层组屋。因为沈基文知道舒科尔出生在新加坡，所以对他的看法很感兴趣。

“沈基文问我：‘你肯定知道巴耶利峇、芽笼士乃、加文乌比、甘榜峇达和甘榜马来由这些马来人聚居区。那么在政府城市化进程的背景下，你认为我们该如何接触并说服他们接受与现在截然不同的生活方式？’”

“我当时被问得措手不及，勉强给出一个回答。然而今天再回顾新加坡半个多世纪以来的发展，这确实是一个非常关键的问题。显然，他是在考察候选人的成熟度。”舒科尔回忆道。

新加坡脱离马来西亚的数年后，舒科尔和他的老板曾偶遇沈基文。舒科尔回忆说，沈基文用马来语问苏雅克：“Sudah naik kan pangkat（你提拔他了吗？）”“这对我来说是莫大的肯定！”舒科尔说道。

如果新加坡继续留在马来西亚，他们两人肯定会有更多的交集，可惜事与愿违。

随着新加坡和吉隆坡之间政治和经济分歧加剧，新加坡于1965年8月9日脱离马来西亚，这实际上也终结了建立共同市场的设想。李光耀在悼念沈基文的文章中写道：“共同市场未能实现，并不是因为他缺乏耐心和谈判技巧。”

新马分离的三天后，新加坡开始对马来西亚商品征收关税。由于沈基文在与马来西亚人打交道一事上经验丰富，他被任命为新加坡驻马来西亚副高级专员，为期一年，继续率领新加坡代表团与马来西亚政府进行贸易谈判，以确定如何推进包括货物流动在内的相关事项。

然而，会谈最终没能取得成果，两国继续使用各自独立的货币体系。

吸引外资

1966年，沈基文回到新加坡，出任财政部经济发展司常务秘书。他的主要职责包括预算的规划、支出和控制，以确保新加坡的经济发展。

独立后的最初几年，政府的首要任务是如何渡过难关。政府在优先发展国内基础设施的同时，也将目光投向国外优质的跨国公司。随着强有力的工业化计划逐步落实，外国直接投资开始大量涌入。

沈基文在吸引外资方面发挥了积极作用，例如他在1967年率领新加坡贸易代表团首次访问了苏联和东欧。这个由29名成员组成的代表团用了七周时间走访了包括捷克斯洛伐克和南斯拉夫在内的12个国家，推销包括菠萝罐头、鞋类和轮胎在内的商品。

篇刊登于1967年9月28日《海峡时报》的文章中引述了沈基文的话："我们的任务是先让他们知道我们有商品出售，贸易才可能因此增长……我们到的时候正赶上他们大量进口消费品的有趣节点。这些东欧国家正在经历一场消费革命，那里的人们需要多样化的高质量消费品。"

沈基文同样参与了与印尼的贸易谈判。从20世纪60年代初他就开始与印尼接触。事实上，1961年1月，他正是前往雅加达进行贸易协定谈判的代表团成员之一。该协定最终于当年6月29日签署。吴庆瑞先生将该协议描述为"新加坡与印尼贸易关系的一个重要里程碑。"

沈基文后来被任命为新加坡–印尼联合贸易委员会副主席。如果两国当初不曾坐在同一张桌子解决分歧，就不可能促成此事了。

不幸的是，1963年，印尼总统苏加诺为表达对马来西亚联邦成立的反对，发起了"马印对抗"（Konfrontasi）运动，两国的经济关系因此受到冲击。在这场冲突中，印尼人对马来西亚联邦各州，包括新加坡、砂拉越和沙巴进行了武装入侵和破坏活动。

最严重的事件之一是1965年3月10日发生在新加坡麦当劳大厦的爆炸事件。该事件造成了3人死亡，至少33人受伤。1966年8月，雅加达发生未遂政变，军事将领苏哈托取代苏加诺成为总统，对抗运动宣布结束。1966年10月5日，马来西亚联邦法院驳回了两名印尼炸弹袭击者的上诉，随后新加坡对他们处以绞刑，两国关系因此进一步恶化。

1967年，独立后的新加坡与印度尼西亚正式建立了外交关系。在此之前，双方已在幕后进行了一些探索性的贸易谈判。沈基文作为新加坡贸易代表和财政部常务秘书，是代表团成员之一。双方进行了几次非正式的讨论，新加坡著名商人、航运业巨头张允中有时也会参会。张允中在他的传记中被描述为“在新加坡和马来西亚之间建立关系方面发挥了催化剂的作用。”

一次会议后，沈基文对《海峡时报》表示：“我们需要用新的方式来解决这些陈年旧疾。

我们必须看到一个独立的新加坡如何以新的态度和方法来解决这些根深蒂固的难题。”

1966年8月中旬，沈基文率领一个四人代表团前往雅加达，试图解决与印尼的贸易和通信方面的问题。在雅加达期间，他会见了苏哈托总统和其他印尼领导人，其中包括著名商人和政治家林绵坤（Sofjan Wanandi）。沈基文和林绵坤的首次会面，为他们两个家族之间长达数十年的友谊掀开了序幕。

“沈基文非常清楚，做生意总是有正式和非正式两种方式。在马印对抗运动之后，两国间的政治敏感度非常高，因此他不得不花大量时间在幕后与相关人员进行非正式交谈，而不是通过正规渠道。这就是为什么他的很多工作并没有出现在媒体报道中。”林绵坤回忆道。

媒体后来报道了当时的一些会晤内容，提到沈基文试图澄清两国贸易模式相关的一些问题。他说：“我相信，这些解释已使双方对造成这些误解的因素有了更清楚的理解。”

不到一个月后，新加坡宣布恢复与印尼的贸易往来，紧接着双方签署了一项互利协议。于1966年9月11日刊登的一篇《海峡时报》报道中，印尼代表团团长提提赫鲁（B. Titiheruw）恰如其分地将该过程形容为“将三年的马印对抗压缩成一周后达成的和解”。

随后，双方于1967年3月签署了经贸关系谅解备忘录，并成立了新加坡–雅加达贸易与航运事务联合委员会。沈基文代表新加坡参与了该事宜的所有工作。他是双方会谈的核心人物，以至于当他于当年10月陪同李光耀总理一起出访美国时，《海峡时报》刊登了一则消息，称与印尼的贸易谈判须推迟到沈基文回国后才能继续。

沈基文在上世纪六十年代与印尼建立的深厚关系，使他在往后的岁月里也一直额外关注印尼。正如他一贯做人做事的风格，他在印尼结交了许多朋友，并与他们保持联系，更与新加坡这个重要的邻国保持着紧密联系。这可能也得益于他对巴东饭（Nasi Padang）的喜爱。在他生命的最后十年里，当他被任命为印尼达纳蒙银行（Indonesia’s Bank Danamon）的董事长时（详见第8章），所有这些知识都被运用到了他的商界事业中。

确立公务员精神

除了在新加坡国际贸易有限公司借调的六年之外（详见第3章），沈基文在公务员系统里工作了25年，并于最后几年担任文职部门的最高负责人。1975年至1983年，他兼任交通部常务秘书一职，并在他任职公务员的最后一年被调任公共服务部任常务秘书，隶属于财政部并直接向其汇报工作。

作为一名高级公务员，沈基文和他的同事韩瑞生和侯永昌一样，会向他所服务的部长们直言不讳地表达自己的想法。“沈基文很清楚公务员应该扮演什么角色，包括他不应该成为公众焦点。”丹那巴南说道。

“他从不对部长的想法多加揣测，而是尽力从部长的立场出发陈述观点。他会全面客观地分析问题，得出最佳的解决方案，并提出建议。如果部长因政治等原因不同意，他也不试图争论，而是着手为最终的方案寻找合适的说辞。”丹那巴南补充道。

沈基文坚持公正地看待问题，丹那巴南回忆说：“他认为如果只是一味地迎合部长的想法，那他就没有履行好自己的职责。他会谨慎客观地表达自己的观点，然后交由部长去做最终决定。”

前《海峡时报》总编韩福光（Han Fook Kwang），曾在1979年至1984年间任通讯部行政事务官员，和沈基文共事过。

他对自己的这位前上司兼导师也有类似的评价。

“沈基文从不会刻意迎合部长（王鼎昌）。他们都非常开明，这种具有建设性的健康工作环境使我们这些下属也能够对工作更有自信。

我认为拥有这样的文化非常重要，它能够促进创新精神，打破思维定势。”韩福光说。

回忆起沈基文这位好上司时，韩福光补充道：“他给我的印象总是，无论遇到什么样的问题，我们都可以畅所欲言各抒己见。我们不需要去猜测他或部长的想法。没有什么是越界的，或是出于任何政治原因而不能被接受及提出的建议。”

在韩福光看来，沈基文对公务员体系更大的贡献在于他确立了公务员的精神。在英国殖民地政府留下的基础上，沈基文和他的同事们对制度进行了调整，以更好地适应一个新独立的岛国的实际情况。“他们明确了规章制度，包括什么该做、什么不该做。我认为新加坡要感谢这一代公务员，因为他们对于国家能取得今天这样的发展起到了关键作用。”韩福光解释道。

他们强调诸如诚信、务实的价值观，注重与先驱一代的政治领袖如李光耀、吴庆瑞、拉惹勒南（S. Rajaratnam）、林金山（Lim Kim San）以及后来的韩瑞生等人紧密合作，建立了信任和默契，从而制定并成功实施了行之有效的政策。反之，政治领导人也对公务员们充满信任。韩福光说：“初代公务员们可以按照自己的方式做很多事情，不必事事时时汇报，也不会被过度干预。”

除了行政管理能力之外，沈基文还以出色的沟通能力闻名。他是少数由李光耀亲自任命负责审核内阁文件的常务秘书之一，负责修改语法和精简内容。有一次，韩福光也亲身领教了沈基文对修改文件的细致入微。当时他需要起草一封信给一位拥有“爵士”头衔的人士，但他错误地在后面加上了名字，而非姓氏。沈基文在审阅该信件时，就在问候语处停顿并问道：“你确定吗？”

韩福光回忆道：“从他看我的眼神中，我就知道我出错了。他没有训斥我，也没有大发雷霆，但我知道他不高兴了。这种时候我会感到十分懊恼，因为我让他失望了。大多数为他工作的人都非常尊敬他。我们都想为他把事情做好。”

事实上，很多人都觉得沈基文性情温和。韩福光记得，他的前上司在情绪表达上从不会大起大落，这让韩福光与这位资深领导共事时倍感舒适。

“他在办公室里非常自在。有时我走进他的房间，会发现他在剪脚趾甲。我想这是他想让我们感到放松的一种方式。”但这并不意味着沈基文在工作上是个好说话的人，众所周知，他是一个严格的负责人，会要求员工以最高标准完成工作。

荣誉国务资政吴作栋就曾领教过沈基文的严厉。那是20世纪60年代中期，他还是经济规划单位的一名年轻行政官员，当时这个单位刚从总理办公室划归到财政部。

吴作栋回忆说：“在一位同事为亲朋好友举办的小型婚宴上，我向一位素未谋面的来宾做自我介绍。然后，我问他：‘你是……？’”

“我是沈基文，你怎么回事？”吴作栋记得沈基文是这样轻责他的。

“我完全没想到财政部常务秘书会参加一名初级官员的婚宴，而且因为他声望极高，所以他瘦小的身型也和我预想的不符。”吴作栋承认道。

作为一个以身作则的导师，沈基文不信奉对员工说教的那一套，而是始终让员工感觉到他会为他们着想。韩福光说道：“这让我们发自内心地想为他工作。我们觉得他对每个人的个人情况都非常关注，包括我们的职业生涯。”当韩福光决定离开公务员系统加入《海峡时报》时，沈基文听说后特地找他面谈了一次。

后来，当韩福光成为报社总编时，沈基文还专门给他发去了贺信。韩福光说：“我想说的是，即使我离开通讯部10多年，他仍然关注着我。”

另一个从他身上学到管理经验的人是葛月赞（Magdalene Teoh），她曾是新加坡保险公司的高级经理。1968年至

1982年期间，沈基文担任该公司的董事长。她告诉我，他曾多次要求借用她的沃尔沃和司机。出于好奇，她问他为什么宁可开她的小车，也不开自己的车。

她至今还记得沈基文的回答："葛月赞，有时候你需要了解你的员工、下属和对手在做什么。你不要让别人知道你来了，也不要让别人认出你来，这样才能看到平时看不到的东西！"

她说："这让我想起了古代的帝王，他们会微服私访，与百姓打成一片来体察民情。"

沈基文出色的人际交往能力也延伸到了他的同级同僚身上，因为他深知，为了新加坡的生存与发展，他们需要齐心协力。"当时的公务员体系规模较小，人也更团结。"郑松志（Simon Tay）这样说道。他是一名律师，也是已故高级公务员郑绍华（Tay Seow Huah）的儿子，郑绍华曾担任安全与情报司司长以及内政部和国防部常务秘书。"即使各自升迁，他们也一直在尽力合作。"

1980年，郑绍华去世，家里失去了唯一的经济支柱。当时的公务员工资并不高，而他也没有留下多少积蓄。当沈基文了解到他们的困境后，自发地组织同事捐款以帮助他们渡过难关。

"这不是强制要求的。他完全无需这么做，我们也没有要求他这么做，他只是觉得他应该这么做。"郑松志说道。

这种关怀不仅体现在他的个人行为上，沈基文甚至将其制度化，纳入了公务员制度。在不断面临人才流失问题的情况下，他在20世纪80年代初决定采用壳牌的人事管理制度。于1982年7月4日刊登的一篇《海峡时报》报道中提到："用沈基文先生的话说，现在的理念是个体很重要；如果组织想让个人发挥最大作用，并想留住他，就必须关心（并显示出它关心）每一个个体。”

如果说沈基文给人的印象是一个“无处不在”的人，那是因为他确实如此。在1977年成为公务员首长的前两年，由于人才短缺，他是担任职务数量第二多的公务员，排在首位的是侯永昌。当时，沈基文是国家粮食储存公司、世界贸易中心、经济促进委员会的主席，还是星展银行的董事和新加坡港务局的董事会成员。

在大部分时间里，沈基文的工作都是处理直属于通讯部管辖的事务。作为交通部的前身，通讯部的职责包括管理和规范新加坡境内的海陆空交通。虽然他因监督樟宜机场的建设和后期运营而闻名（详见第4章），但他也时刻关注其他事务。

尽管部门职责繁多，但规模却很小。当时在陆路运输司工作的韩福光记得，他的上司只有一位直接向沈基文汇报工作的司长。“他曾开玩笑说，考虑到公务员体系正在设立越来越多的法定委员会，通讯部可以变得更小一点。理想规模是就三个人：部长、常务秘书和办公室小弟。”韩福光笑道。

在沈基文的工作清单上，有一项工作是决定国家应该建立全公交还是轨道加公交的运输系统。他本人更倾向于后者，因为他知道这将是解决道路交通拥堵的长期办法。他还曾担任巴士服务许可证管理局的主席，负责与交通供应商合作，管理巴士线路和班次，以确保高效运行。

1981年，通讯部与《海峡时报》发生了了一场小冲突。

起因是该报记者根据“权威消息来源”所得到的消息，于10月27日的头版头条刊登了一篇关于巴士即将涨价的报道。四天后，即10月31日，人民行动党的大本营安顺选区举行了补选。结果，工人党候选人惹耶勒南（J. B.

Jeyaretnam）最终赢得了选举，结束了人民行动党自1966年以来在议会的垄断地位。

三周后，通讯部长王鼎昌公开批评了《海峡时报》及其姊妹报《新国家报》，后者是第一家报道巴士涨价的英文报纸。王鼎昌斥责这两份报纸的报道“不负责任、误导公众还散步谣言”。《海峡时报》集团对此予以强烈反驳，指出另一份报道了同样内容的中文报纸并未受到批评。

王鼎昌为此召开了一场新闻发布会。不同于以往，他主动邀请《海峡时报》集团编辑林明德（Peter Lim）出席新闻发布会。在会议桌前，王鼎昌展开双臂说：“真正可靠的权威消息来源应该都在这里。”除了新加坡巴士服务公司的主要管理人员和其他部委官员外，沈基文也出席了会议。

王鼎昌礼貌地请林明德透露报社的消息来源，但被对方以职业道德为由拒绝了。据《海峡时报》报道，在会议间隙，沈基文解围道：“你们是被利用了。”

对林明德来说，真正体现沈基文作为常务秘书的高超政治素养，是新闻发布会后发生的事情。“他非常平静地对我说：‘明德，你不觉得你欠部长一个道歉吗？’我当时的回应不太礼貌，说我会考虑一下，第二天的报纸上再做决定。”

“老实说，我当时没有想过这个问题，因为我觉得是部长错怪了《海峡时报》和《新国家报》。事后想来，沈基文是一位真正的君子，帮助我从更广阔的角度看待问题。尽管后来我们见了很多次面，但我一直没有机会感谢他。”

最终，林明德在新闻发布会后的第二天，在报纸头版刊登了一篇题为“我很抱歉，但我也为我们的记者感到骄傲”的报道。我认为他们尽职尽责，坚守了职业道德。

林明德顿了顿，然后说：“这是我第一次透露这些。我认为在这本关于沈基文的书提到这些是合适的。在那次新闻发布会后，《海峡时报》以头版头条的形式报道了记者招待会和相关故事。一个真正可靠的消息来源告诉我，李光耀先生对《海峡时报》报道新闻发布会的内容不太满意。我猜，如果我的道歉没有被放在头版头条突出报道，他会更加不高兴。”沈基文于1984年年满55岁（当时的法定退休年龄）时退出了公务员系统。之后由周元管博士（Dr. Andrew Chew）接替他的职位。凭借对政府工作方式的了解，以及30多年来累积的人脉，沈基文成功转型进入私营企业，并赢得了广泛赞誉。

品牌专家

作者: 沈玫

公公在担任国家发展部常务秘书时，他的职责之一就是负责管理公共工程部（PWD）。公共工程部后来发展成为中央政府工程公司，负责监督所有与公共基础设施相关的所有项目，如道路建设、土地清理以及学校和机场等公共建筑的建造。

由于当时的公务员体系新立不久且非常精简，公务员的子女有时也可能参与到决策过程中。

“有一天，爸爸带着几张设计稿回到家，把它们放在客厅，然后叫全家人都来看，选出他们最喜欢的设计。于是我们就这样做了。”我的父亲瑞炎回忆道。

“这就是公共工程部徽标如何被选定的真实故事。”他至今仍这样认为。

太平绅士

作者: 沈玫

公公的青少年时期大多是在他叔叔的电器用品商店打工度过的，这使得他一直对电气和机械工作非常着迷。每当有工人来家里修东西时，他总是喜欢站在边上看。

我的父亲瑞炎印象最深刻的一次是在1970年的某天，一位印度裔电工来修理跳闸。公公注意到这个人看起来情绪很低落，就问他怎么了。对方吐露说，他爱上了一个持工作许可通行证的女子，想和她结婚，但她的长期居留签证被拒签了。公公询问了两人的姓名和详细情况，并表示愿意帮忙看看是什么情况。电工有些愕然，然后提供了相关信息，但他或许也没抱什么希望。

瑞炎几乎忘记了这件事，直到几个月后，笑容满面的电工和他的女伴出现在了家门口。那位女士脸上洋溢着灿烂的笑容。

身上绚丽多彩的纱丽在阳光下熠熠生辉。电工说，他们当天就要结婚了，在举行婚礼之前，他们想向促成这件喜事的人表示感谢。原来，公公帮忙写了申诉信，成功帮助准新娘得到继续留在新加坡的机会。

公公的父母沈伯英和郑映娇。

[沈氏家族收藏]

沈基文的父亲沈伯英在殖民地政府管制鸦片发放的办事处担任首席文员。首席文员。

［沈氏家族收藏］

1948年英华学校篮球队，副队长沈基文（前排右一）和队长黄成华（站排右一）。

［英华学校校刊］

25岁的沈基文和23岁的佘玉鳳在卫理公会
勿洛教堂的婚宴上。
1955年1月9日。

［沈氏家族收藏］

上图：1955年，沈基文和佘玉鳳在马来西亚金马仑高原（Cameron Highlands）的烟雾酒店（Smoke House Inn）度蜜月。

右上角：沈基文、佘玉鳳和他们的长子瑞炎在郭川大道的家中。

右下角：沈基文与瑞炎骑着凯旋摩托车。

［全部来自沈氏家族收藏］

上图: 瑞春（左）、瑞炎（右二）和他们的邻居李建云（左二）、李建华（右一）以及佘玉鳳抱着瑞兴在郭川大道公园看沈基文斗风筝。

右: 沈基文的三个大儿子瑞炎（中）、瑞春（左）和瑞兴（右）与他们的母亲佘玉鳳在吉隆坡梳邦机场。

［均来自沈氏家族收藏］

左起分别为：瑞兴、瑞春和瑞炎在位于吉隆坡八打灵再也10，12/21A号的家中。

［沈氏家族收藏］

沈基文的五个儿子：瑞炎（前排右）、瑞兴（前排中）、瑞春（部分被挡住）、他们的外祖母廖康妮抱着的瑞强，以及沈基文怀里的瑞财。

［沈氏家族收藏］

1970年代早期，沈基文在瓦顿庄园（Watten Estate）的家后面建了一个树屋，供儿子们玩耍。他偶尔会在树屋附近生火（上图）驱赶蚊子，防止他们被蚊子叮咬。

右图：瑞财（前）和瑞强（后）在树屋的上层，瑞兴（前）和瑞炎（后）在下层。

［全部来自沈氏家族收藏］

沈氏大家庭。第二排从左到右依次坐着沈基文的兄弟杰瑞、基顺和比利、沈基文、沈基文的母亲郑映娇、沈基文的外祖母陈莲娘以及沈基文的父亲沈伯英。站排左起第三位是瑞炎、佘玉鳳和瑞春。前排左起第一、第四和第五位分别是瑞财、瑞强和瑞兴。

［沈氏家族收藏］

约1960年代末，沈基文和夫人佘玉凰。

［沈氏家族收藏］

拉姆里叔叔

作者: 沈玫

“玫，你知道吗，你公公有五个孙女，而我有四个孙子。我们俩真幸运啊！”

拉姆里·曼苏尔（Lamri Mansoor），就是我们家所有人口中的拉姆里叔叔。他刚满21岁时，就在公公位于华登岭路（Watten Estate Road）的家附近的一户人家里当园丁。有一天，公公突然走过去，询问这个年轻人是否愿意做他的司机。

那是1966年，公公刚从吉隆坡回来，正忙于财政部常务秘书的工作。他需要频繁外出，因此需要一名全职司机来配合他繁忙的日程。

没有参加任何面试，也没有被问及资历，拉姆里叔叔当时只被问了句会不会开车，公公一定是从他身上看到了一些独特的东西。从那天起，他们就形影不离，直到被拉姆里叔叔称为“Tuan”（马来语“先生”的意思）的公公去世。

拉姆里叔叔为公公的事业和成就感到无比自豪，每晚都会和家人分享这点。拉姆里叔叔的妻子罗斯米·艾哈迈德（Rosemee Ahmad）回忆说：“他认为，作为沈基文的司机，他也需要看起来体面。我总是把他的衬衫漂白、上浆和熨烫，这样他上班时就会看起来很精神！”

“拉姆里为能给你们的公公工作而感到自豪。他总是说，‘先生很安静，但他说的话一定有道理，因为他从不会无缘无故说什么。’”

拉姆里叔叔还经常向家人讲述公公对通往樟宜机场的道路两旁植物的苛刻态度。“它们必须完美无瑕。他会坐在车里向窗外张望，寻找任何不合适的叶子。一看到褐色的东西，他就会打电话给相关部门。植物不开花时，他也会打电话给他们！”罗斯米笑着说。

“总是先生这样，先生那样。在开斋节期间，他希望我们家为先生和他的家人做最好的食物。他的食物必须完美无瑕。”她补充道。

拉姆里叔叔的女儿拉莉（Lailee）也有不少回忆：“我还记得第一次去拜访你爷爷的情景。当时我还是个小女孩，因为下雨，又有狗在边上，你爷爷就把我抱起来，一直抱进屋里。”从那以后，每逢开斋节，他们一家都会带着刚做好的新鲜食物去拜访公公。

罗斯米分享说，公公的职业道德和高标准也感染了她的丈夫。在公公不知道的情况下，拉姆里叔叔会利用周末的时间勘察下周要开车送公公去的地点的路线，以确保万无一失。

“有几次，我们甚至在星期天骑摩托车去柔佛，因为你公公下周需要去柔佛王宫，而拉姆里想知道最快、最顺畅的路线，避免出问题。他就是这样尽心尽力地对您祖父。”罗斯米深情地回忆道：“他还会花时间去了解城里各个大楼的jaga（马来语“保安”的意思），这样每次都接送你公公时上下车都会更顺利。如今哪里还能找到这样尽职尽责的员工呢？”

“每次你爷爷需要拉姆里在午餐时间等他时，他总会给拉姆里10新元的makan（马来语“吃”的意思）午餐费。你知道他用这些钱做了什么吗？他会去最近的小贩中心找一个没钱吃饭的人，然后把钱给了那个人！你爷爷从来不知道这事。”

拉姆里叔叔是沈家真正的一员。如果他不开车送我祖父或祖母外出，我们几乎每天都能看到他在花园里忙活，或是在家里修理东西。

“他非常爱你的公公和你们全家。他每天都会早早上班，即使他不需要去那么早。他就是这样的人。他对待工作非常认真。”拉莉这样评价她的父亲。

拉姆里叔叔于2018年去世，比公公晚了11年。

公公病重需要住院时，他仍然坚持每天回家睡午觉，并由拉姆里叔叔开车接送他。我记得拉姆里叔叔告诉我，在公公最后一次午睡后前往医院的路上，公公轻声对他说：“就到这里吧，拉姆里。这是我最后一次回家了。”两天后，公公便去世了。

拉姆里叔叔为我祖父工作了40多年，为我的家人工作了50多年，他是公公的员工、知己和朋友。我希望他们现在能幸福地重逢，回忆过去的美好时光，并满怀爱意地看着他们的家人。

当拉姆里一家这些年一起听着公公家的故事时，他们却不知道，我们也是在了解他们家族的故事中长大的。在乘车的过程中，拉姆里叔叔也会告诉我他对自己的孙子们有多骄傲。拉姆里叔叔十分热爱自己的家人，他逢人便分享他们的成就、家庭出游和假期故事。当他的长孙以小学第一名的成绩考入莱佛士学院（RI）并获得全额奖学金时，他总是忍不住向大家炫耀。

当然，公公是最先听到这个好消息的人之一。他高兴地嚷道：”Anak Lili (Lailee) bagus. Bukan cuma anak boss boleh masuk RI, cucu driver pun boleh!”（马来语：“拉莉的儿子真棒，不仅老板的儿子可以进入莱佛士学院，司机的孙子也可以！”）。当然，拉姆里叔叔很快就自豪地向家人重复了先生的这番话。

第三章

与世界做生意

作者：刘诗平

创办一家新企业，尤其是在一个陌生的领域，总是充满风险的。然而，当沈基文身处相同情况，被任命为新加坡国际贸易有限公司（Intraco）的负责人时，这家企业竟在他的领导下稳步实现盈利。虽然他的正式头衔是董事长兼总经理，但称他为“首席销售员”可能更为贴切。

新加坡独立后不久，沈基文就从财政部被借调到新加坡国际贸易有限公司。新成立的公司将成为这个年轻国家的对外贸易窗口。沈基文清楚知道自己的任务艰巨。毕竟，他全程参与了新马合并和之后的分离谈判，深知新加坡当时所处的险境。

Intraco是国际贸易公司（International Trading Company）的英文简称，该公司成立于1968年11月5日，其法定资本为5千万新元。据1968年11月10日刊登在《海峡时报》的一篇报道，沈基文在这家与政府有关联的公司成立时曾这样说道：“除了推广新加坡制造的产品外，公司还将寻找海外贸易机会，尤其是为我们的制造商寻找机会。”

“我们也不会放过任何进行正常贸易的机会，因为公司成立后，将努力成为一个既能追求商业利益又能为国家利益服务的商业机构。”

“如果我们的贸易商有需要，公司还将负责所有大宗工业原料的采购。到时，凭借公司的规模、设施和雄厚财力，我们的制造商将能够以具有竞争力的价格获得原材料，从而以更优惠的价格生产出口产品。”

“公司还将积极寻找海外贸易机会，特别是为我们的制造商开拓市场。但是，当我们的制造商产能不足，或者市场开发不充分，又或者缺乏本地产业，那么我们公司将与新加坡发展银行和私人投资者们一起，共同设立新的工厂，搭建新的生产线。”

事实上，新加坡国际贸易有限公司并非孤军作战，它与财政部长吴庆瑞在同一年成立的另外两家机构紧密合作，即新加坡发展银行（星展银行的前身）和裕廊集团（JTC）。前者提供资金，后者提供生产所需的基础设施建设。

摆在沈基文面前的是一项艰巨的任务。当时的新加坡成立仅三年，在世界舞台上几乎毫无地位可言。除了为新加坡制造的产品寻找买家，他还必须掌握整个贸易环节的来龙去脉，同时从零开始组建团队。后者尤为重要，因为公司业务的重点之一就是在全球主要城市建立办事处来推销商品。《新加坡国际贸易有限公司：为新加坡开辟一条海外之路》的作者法依扎尔·叶海亚（Faizal Yahya）说道：“我认为沈基文知道其中的利害关系，因为在脱离马来西亚之后，我们所谓的腹地已经被切断，因此我们必须走向世界。他知道这是背水一战，所以我觉得成立新加坡国际贸易有限公司的想法非常明智。”

新加坡国际贸易有限公司的第一位员工是钱德拉·达

斯，他担任市场营销经理一职。达斯曾与沈基文共事过，他当时担任经济发展局出口促进中心的主任。当沈基文得知达斯辞职是为了“出去做生意”时，便说服他加入新加坡国际贸易有限公司。不久之后，高级公务员严崇涛（Ngiam Tong Dow）也被借调过来，担任公司的执行董事。

1980年至1996年曾担任国会议员的达斯透露：“虽然他是一名公务员，但沈基文对商界的领军人物非常了解，因此他可以接触到这些资源。”这些关系从招聘过程开始就派上了用场，包括郭鹤年（Robert Kuok）、陈余锡（Chan U Seek）和沈时礼（Stephen Sim）在内的商界成功人士会帮他们一起面试从资深、经验丰富的人士到应届毕业生等各式各样的求职者。吴水阁（Goh Tjoei Kok）和张泗川（Teo Soo Chuan）等其他成功的企业家也纷纷出力，在新加坡国际贸易有限公司董事会担任过许多不同的职务。

在学习贸易知识时，沈基文的人脉也派上了用场。当达斯承认自己对信用证一无所知时，沈基文拿起电话就打给一位在曼谷银行工作的朋友请他指点一二。达斯说：“任何我们不懂的内容，他都能找到让我们可以学习的专家。”达斯随后在这家泰国金融机构待了一周，弄清了经营贸易公司所需的各类手续文件。

洪安迪（Andy Ang）于1970年加入新加坡国际贸易有限公司，成为海事部的一名工程师。他回忆说，新加坡国际贸易有限公司很快就被戏称为“国际培训公司”（International Training Company）。他解释：“因为在那里工作的每个人都接受过沈基文的良好培训。他教会我们在商业交易中要诚实守信，永远不要欺骗我们的合作伙伴，要做到言出必行。”

达斯当然得益于沈基文的指导。“当我刚加入新加坡国际贸易有限公司时，他给我最好的建议就是学会如何转换视角。”沈基文告诉他，当在经济发展局工作时，他的工作类似于一个旁观者，观察别人如何下棋，并向他们提供走棋建议。而在新加坡国际贸易有限公司，他成为了一名棋手。“他教会我的另一个道理是：生活不是非黑即白的，你要习惯生活在灰色地带。”

通过在谈判桌上一次又一次地观察沈基文，达斯从中学到了很多。“他的谈判方式总能让对方离开时觉得自己赚到了，而不是让对方认为自己输了。”

新加坡国际贸易有限公司曾向一家大型的日本公司投标。在意识到他们在定价方面不占优势后，沈基文让他的团队与潜在客户坐下来讨论如何使这项交易更具吸引力。“我们在合同条款范围内想出了一些方案，比如提供免费培训。”达斯回忆说：“我们总能找到应对挑战的方法，最终赢得了那次投标。”

尽管沈基文在公司身居高位，但他仍亲自参与公司的运营。每一个合作关系的建立都离不开他的严格审查。例如，在与印度尼西亚的一家木材商合作之前，他亲自前往当地考察伐木作业。在没有亲自了解之前，他决不会随意把潜在合作商交给他的团队。

这使他赢得了“不会被蒙骗”的名声。达斯和安迪也有同感。正如达斯所说：“不要在他面前胡说八道。如果你不知道，就说不知道，然后去找答案。因为当他让你做某件事时，他可能早已问过另外三个人的答案了。”

为了确保新加坡国际贸易有限公司不辜负其作为国际贸易公司的声誉，沈基文的另一个优先事项是在世界各地开设驻外办事处。公司成立不到一年，就在西贡设立了第一个办事处。第二年年底，悉尼、雅加达和莫斯科的办事处也开始运作。在接下来的两年里，香港、台湾、西欧、北美和日本的办事处也开始运营。在那些没有办事处的地方，他还派驻了海外员工。

同时，为与这些海外办事处配合，国内还设立了一个产品专家部门，负责向国内相关产业提供信息。它涵盖了包括纺织品及配件、橡胶、塑料和皮革制品、食品、木制品、家具、木材和伐木活动、建筑材料、电器产品、化学品、工程产品（如造船及其配件）、用于贸易的初级产品及消费品在内的十个领域。

尽管第一年的业务主要集中在人力建设以及财务和销售职能的发展上，新加坡国际贸易有限公司还是成功实现了42.6万新元的税前利润，回报率为4.3%。到第二年，这一数字增长了近四倍，达到150万新元，回报率为15.4%。公司经营状况如此良好，以至于到1972年，公司上市发行200万股，超额认购约70倍。同年5月31日，《海峡时报》以“新加坡国际贸易有限公司跃居出口业成功典范”为题对其大加赞赏。

尽管早期经历的全球经济衰退给公司经营带来了挑战，但在1974年底，当沈基文从新加坡国际贸易有限公司卸任时，他带领公司实现了税前利润433万新元，同一时期，公司营业额从第一年的1130万新元增至6340万新元。李耀铭在1974年12月31日的《新国家报》上写道：“在短短六年时间里，新加坡国际贸易有限公司已成为一家不可忽视的商业企业。”

法伊扎尔在《新加坡国际贸易有限公司》一书中引述了沈基文的话：“我们当时做出了两个决定：邀请跨国公司进入我们的市场，并让政府参与进来，为整个工业化努力注入信心。当时对于政府应该进入哪些行业大家都没有明确的概念——我们甚至连睡衣都在生产！那时的目标很简单，就是创造就业机会。这是一项折中而务实的政策。”

这一切都必须尽快完成，因为这关系到国家的生死存亡，刻不容缓。达斯对沈基文当时的紧迫感有切身体会。在他结婚的前一天，达斯把这件喜事告诉了他的老板沈基文，他对此表示同意。

“当我在婚姻登记处签署证书后，登记员接到了沈基文的电话，说要找我。”达斯回忆说：“我接通电话时，他问我‘你办完手续了吗？’我回答‘是的’，‘那就回办公室吧。’于是我告诉我妻子，我得先走了。”

两个月后，即1969年12月，达斯离开新加坡，前往莫斯科设立新加坡国际贸易有限公司办事处。这标志着公司开始与苏联建立业务联系，尽管当时正值冷战高峰期，而新加坡政府的反共立场也十分强硬。

“尽管如此，政府并没有明令禁止与共产主义或社会主义国家进行贸易，我们可以与任何国家进行贸易。”法依扎尔解释道。“作为货物进出新加坡的渠道，新加坡国际贸易有限公司获授充分自主权，得以灵活探索并开拓全球新兴市场，从而有力支撑新加坡出口导向型工业化的增长战略。而这个办事处在东欧发现了一些非常有用的资源，比如石化产品。”

鞋类也是与苏联交易的商品之一，达斯亲自参与了合同的谈判。于是，1970年，由新加坡国际贸易有限公司和英资企业贾丁·沃（Jardin Waugh）、新加坡金氏公司（K. J. Kim）和英资企业约翰·怀特集团（John White Group）合资在新加坡东陵福（Tanglin Halt）建立的“约翰·怀特”鞋厂接到了最大的一笔皮鞋订单——整整10万5千双，包括七种不同的款式。之后，交易产品的清单逐步扩大到椰子油、橡胶和香料等。同时，新加坡也开始承接苏联船只的维修工作。

新加坡制造

在沈基文掌管新加坡国际贸易有限公司期间，公司通过参加国际博览会和展览会，拜访海外买家来推广新加坡制造的商品，与其他国家开展贸易。例如，1970年，尽管来自德国和香港的其他老牌企业竞争激烈，新加坡国际贸易有限公司还是赢得了向南越供应大豆食用油，价值1000万新元的合同。同年，沈基文与菲律宾贸易代表团举行会谈，讨论新加坡如何在菲律宾与社会主义国家的贸易中发挥作用。他还前往澳大利亚，成功谈妥了锯材销售的合同。

当时，洪安迪负责监管新加坡与缅甸（当时称为缅甸联邦）的对等贸易。新加坡向缅甸提供沥青，缅甸则向新加坡提供水泥、木材和废金属。这些商品大多转销去了其他国家，比如水泥就卖给了孟加拉。

可能有人会想当然地认为，所有这些交易都是他们唾手可得的，但事实并非如此。沈基文在接受刊登于1971年7月23日出版的一篇《新国家报》采访时说："由政府发起成立并部分持股，并不意味着我们无须努力就有生意上门。"

"我们的商业运作与其他贸易公司一样，可以说，我们在争取业务时面临的竞争和争抢一点也不少。出口不是一件好玩的事，它充满艰辛，如果有人认为只要有钱有人就能获得出口订单，那他真是痴人说梦。"

在贸易之外，新加坡国际贸易有限公司还承担了多种责任，特别是为"国家服务"这一点。据新加坡国际贸易有限公司的高层所说，1974年，公司储备了可维持四个半月的大米以应对供应不稳定和价格波动的情况。

事情的起因是泰国的歉收导致其大米出口暂停。于是新加坡的米价开始上涨，因为人们担心大米供应即将告罄。政府意识到大米短缺可能会引发社会动荡，于是指定新加坡国际贸易有限公司作为其代理负责储备事宜。公司紧急开始大肆采购，与台湾、美洲和巴基斯坦的贸易伙伴联系，寻找替代米源。

同样，当新加坡水泥面临严重短缺时，政府也会要求新加坡国际贸易有限公司进口建筑原材料。1973年马来西亚木材短缺时，新加坡国际贸易有限公司也采取了同样的措施，甚至从新加坡港务局租用驳船和拖船，将原木从苏门答腊运来。它还负责采购谷物，以增加国家两室仓库的储备。1968至1987年间，沈基文一直担任国家粮食仓库的主席。

1969年，新加坡国际贸易有限公司是新加坡唯一获准进口供金匠等消费用黄金的进口商。它还持有新加坡保险公司（ICS）10%的股份，而沈基文从1969年成立到1982年一直担任该公司的董事长。沈基文投资公司的战略还延伸到其他业务，如古德温木材公司（Goodwin Timbers）、预拌混凝土厂阿尔法工业公司（Alpha Industries）和散装液体储存公司亚联码头公司（Associate Gatx Terminals）。

洪安迪分享了一段经历，当年英国撤军后，军事基地留有大量闲置的军用巴士和卡车，政府没有将其报废，而是指示新加坡国际贸易有限公司对其进行处理。“沈基文将这些英国皇家海军的巴士免费分发给了所有学校，让其可以造福新加坡人。”

与其他公司一样，新加坡国际贸易有限公司也有未实现的雄心壮志。例如，1969年11月，当公司透露将建立一个钢铁铸造中心以支持海运业时，引发了不少关注。因为此前已有多家造船厂提出了这一想法，但却没有一家最后落实行动。但最终新加坡国际贸易有限公司没有实施这一计划，因为后来有另一家运营商建立了钢材中心。

沈基文在接受《新国家报》采访时谈到他在领导公司所面临的挑战时说道："批评是意料之中的，因为公众和商界都需要时间意识到新加坡国际贸易有限公司与其他商业运营机构一样，是独立运营的。除了出于公共利益考量而参与一些其他商业企业不会涉足的项目之外（例如回报率太低），我们并没有受到特殊对待。"

沈基文身兼多职却游刃有余的能力给团队留下了深刻印象。有一次，新加坡国际贸易有限公司订购了5000吨钢管并支付了货款。就在运往新加坡的途中，钢材价格开始下跌了，更不幸的是，装载钢管的船只发生事故沉没了。达斯记得当时他向沈基文通报这一情况时，内心还觉得如释重负，心想一切都将由保险公司赔付，他们不会有任何经济损失了。

"我兴高采烈地向他汇报说我们赚了。他紧接着问我们是与哪家保险公司合作的。当我说是新加坡保险公司时，他迅速拿起电话向新加坡保险公司报案，因为他也是这家保险公司的董事长。他在细致入微的同时又很灵活，能迅速转换角色。"

在人际交往方面，达斯特别指出，沈基文与高级政界人士和初级办公室员工相处同样融洽。"他与所有人都处得来，而且平等对待每一个人。"

作为一名在新加坡国际贸易有限公司工作的年轻人，洪安迪也对此这表示认同。事实上，他回忆说，沈基文有时甚至像父亲一样。"大多数员工都很年轻，男同事之间为了追逐漂亮女孩而展开了激烈的竞争。当沈基文知道这件事后，他告诫我们说，虽然他不反对这样做，但我们的意图必须是'光明正大的'。此外，他还提醒我们'要洁身自好’”。

1974年12月31日，沈基文被召回财政部，彻底离开了新加坡国际贸易有限公司。他的副手吴水阁被任命为董事长，与达斯并肩工作。达斯后来于1977年升任总经理。

法依扎尔评价道：“这些人值得我们敬佩。他们实际上去到了新加坡从未踏足的地区。在新加坡尚未站稳脚跟的时候，是他们义无反顾地到世界上最遥远、最偏僻的地方寻找商机。当时没有人认识我们，我们一无所有。但他们勇敢无谓，敢于冒险，愿意寻找出路，并承担风险。”

像钻石一样闪耀

作者：沈玫

“很多年前，有一次你的公公和一位非常富有的商人共处一室，这位商人把满满一袋钻石扔在了桌子上，让他拿去作为礼物送给我，但你公公拒绝了！我这辈子都没见过这么大的钻石！”婆婆回忆起那些巨大的钻石时，眼睛又大又亮。

“但你的公公是个诚实的人。虽然有点傻，但他不会拿走不属于他的东西。”

这是小时候婆婆给我讲过很多次的故事。每讲一次，那些钻石在她的描述中都会变得更大、更闪耀。

第四章

如何建设世界一流机场

作者：刘诗平

下次当你来到樟宜机场，尤其是1、2或3号航站楼时，请记得候机大厅的地毯、时钟上的时间显示和干净铿亮的洗手间等设施的出现都绝非偶然。如果不是1970年代末新加坡政府指派沈基文负责监督和管理这个新加坡当时最大的民用设施建筑项目，现今新加坡引以为豪的樟宜机场，很可能会是另一个样子。

从1975年政府决定将新加坡国际机场从巴耶利峇迁往樟宜机场开始，直到2007年去世的前几天，沈基文一直密切参与这座航空枢纽的建设发展过程。许多人认为，他对樟宜机场的投入和奉献就像父母对自己宝贝孩子的成长一般殚精竭虑。在1999年9月12日《海峡时报》发表的一篇文章中，沈基文表示："这就是我为国家服的兵役。"

事实上，有关沈基文的许多"樟宜故事"早已成为耳熟能详的传奇故事，例如他对干净卫生间的执着、12分钟行李领取规则以及每次出差都要勘察世界各地机场的嗜好。

他以一种近乎宗教般的虔诚，一心一意地为樟宜机场的旅客提供最好的服务。他相信，这样做会让旅客们一次又一次地回来，帮助新加坡巩固其航空枢纽的声誉。早在“用户体验设计”和“设计思维”等概念尚未被提出之前，沈基文就已经将它们应用到了机场建设中。

自1981年启用以来，樟宜机场已获得600多项荣誉，其中包括多次被评为“全球最佳机场”。对于外国旅客来说，樟宜机场也是了解狮城的一个窗口。

有趣的是，尽管沈基文的正式头衔是新加坡民航局（CAAS）主席，他最初并没有打算建造世界上最好或最受赞誉的机场。“我们的初衷，也就是沈基文的想法，是打造一个以方便旅客为重点、与众不同的机场。”在1992年至2007年期间担任新加坡民航局局长的黄文亮（Wong Woon Liong）这样说道：“它应该把新加坡和世界连接起来，同时也把世界和新加坡联系起来。”

正是这种“旅客至上”的心态，以及为实现这一目标而勇于创新和大胆尝试的精神，让沈基文和他的团队将樟宜机场打造成了一流机场。“现在，当我们回过头来看，我们成为世界上最好的机场是必然的，因为我们一直在做正确的事情，从第一天到第一万天。当顾客感受到你的用心时，他们就会投你一票。”

沈基文对公务员系统十分熟稔，加上他众所周知的善于与合作伙伴建立联系的特质，使得他能够协调统筹不同的政府机构参与进来，并在短时间内高质量地完成任务。

“他赢得了所有人的尊重。没有他的领导，我怀疑我们根本无法完成这事。”林福山（Lim Hock San）说道。他是黄文亮的前任，于1980年至1992年担任新加坡民航局局长。

随着20世纪70年代航空技术的进步，国际航空旅行迅速发展，樟宜机场也应运而生。当时的民航业是新加坡经济的主要贡献者，因此，拥有一个比原本的巴耶利峇机场更大的机场变得尤为重要。

早在20世纪60年代末，巴耶利峇机场就已不堪重负。1975年的那场争论聚焦在扩建巴耶利峇机场还是新建樟宜机场。虽然沈基文没有参与决策，但当时他担任该通讯部常务秘书，因此对当时发生的事情了如指掌。通讯部支持在岛的东端建造一个新机场，这项方案由当时的新加坡港务局主席兼公务员首长侯永昌提出。

支持新建机场的原因之一是为机场未来的扩建提供空间，包括增加更多的航站楼和跑道。另一个原因是改善巴耶利峇周边居民的生活质量。他们长期生活在飞机起降的轰鸣声中，忍受着通往巴耶利峇机场道路的交通拥堵。

而以财政部及其部长韩瑞生为代表的另一派则反对机场迁往樟宜，因为原地不动更符合成本效益，在现有的基础设施扩建所需的建设费用较低。新加坡独立才不到十年，资源有限，因此对于财政支出必须审慎。

最终，李光耀总理决定采用樟宜方案，他的办公室于同年6月确认了这项重大的迁移项目。而就在此前一个月，沈基文被任命为机场发展执行委员会（ECAD）主席。直到2007年去世，他都一直担任这一职务。

决定作出后，沈基文的任务是以12亿新元的预算，在六年内，也就是1981年前建设一个现代化的机场并投入使用。与此同时，巴耶利峇机场也要扩建，因为在樟宜机场一切准备就绪之前，巴耶利峇机场仍需发挥备用“候机厅”的作用。毕竟客流量不会因为等待新机场建成而放缓。

制定愿景

沈基文面临的任务用艰巨来形容都是轻描淡写。他既没有航空领域的经验，也没有这方面的专业知识。而管理巴耶利峇机场的团队只精通并专注于空中交通管制，被选中与沈基文合作完成这项任务的部门对机场发展也毫无经验，包括公共工程部（PWD）在内，都从未设计或建造过如此规模的公共基础设施。

“然而，面对这项艰巨的任务，沈基文毫不畏惧。”1976年加入新加坡民航局，后来在1989年至2007年期间升任新加坡民航局副局长的何明发（Ho Beng Huat）这样说道：“他是一个敢想敢干的人，我真的很佩服他。”

虽然面临重重挑战，但巴耶利峇机场至少让他们对新机场应该避免哪些问题有了一个非常清晰的认知。

“巴耶利峇机场几乎汇集了一个机场能出现的所有错误——完全一团糟。”黄文亮回忆说，他第一次见到沈基文是在他担任经理期间。“唯一正确的就是客流量。当时有很多旅客，所以我们的业务还在不断增长。沈基文在忙于筹备樟宜机场的同时，还不得不收拾巴耶利峇的残局确保它可以运转六年。”

为了汲取正面经验，沈基文将团队分成三组，让他们像调查员一样，前往亚洲、欧洲和北美所有的顶级机场实地考察学习。这些机场包括东京的成田机场、伦敦的希思罗机场、阿姆斯特丹的史基浦机场和得克萨斯州的达拉斯沃斯堡机场。当时被派往美国的何明发坦言，鉴于1970年代的高昂旅行费用，这一策略既慷慨又非常合理。“每个人都意识到这是一个次千载难逢的机会，我认为团队没有让他失望。”

据何明发说，当时所有这些考察都得出了一个结论：新加坡应该成为区域内的航空枢纽，提供高频次的航班服务，并与全球各地的机场建立连接。这将是超越巴耶利峇机场的一个巨大转变，因为当时的巴耶利峇机场的定位不过是一个用以辅助新加坡的贸易、旅游和外资中转的民用国际机场。

在所有考察过的机场中，沈基文认为樟宜机场最好以荷兰的主要国际机场史基浦机场为蓝本。“我们雄心勃勃。虽然是个小国，但我们胃口很大，希望能远远打破自身市场的限制；这也是史基浦机场所坚持的价值观。”何明发解释道。

除此之外，沈基文将重点放在“旅客友好型机场”上。对他来说，这意味着一个“无障碍、无压力、舒适、温馨且宽敞”的地方，黄文亮说。无论是硬件设施、软件支持、团队文化还是企业管理，都是围绕以人为本这个理念展开的。

首先，候机大楼必须设计精良。幸运的是，荷兰政府非常愿意分享经验，因为他们不认为樟宜机场是竞争对手。公共工程部组建了一个团队负责樟宜机场的开发，蔡华明（Chua Hua Meng）被任命为首席建筑师。随后，他被派往荷兰机场顾问公司工作了三个月，与他们一起审查机场总体规划和航站楼的设计布局。他还学习了史基浦机场的所有最佳做法。其次，一个成功的交通枢纽必须在运营方面可靠、高效。例如，航班必须准时起飞，行李必须及时转运到正确的航班上。这些因素在很大程度上影响了航站楼的设计，包括确保在高峰时段有足够的登机口容纳航班，有宽敞的中转区和大型免税零售区，让候机乘客可以心情愉悦地打发时间。

第三个要素是为旅客提供快乐和愉悦的体验。何明发解释说：“我们想要吸引乘客愿意选择我们的机场，例如提供极具吸引力的免税商品。在樟宜机场转机必须成为购物优惠的代名词。”

最后，确保面对旅客时面带微笑，提供优质的服务。

设计与施工

从阿姆斯特丹回来后，蔡华明在沈基文的指导下负责樟宜机场的设计工作。“他说无论在旅客流动、处理效率还是运营系统哪个方面，我们的航站楼都必须是世界上最好的。”因此，当他们与外国顾问一起进行设计时，便利性始终是他们心中最重要的事情。

由于预算有限，蔡华明被要求在内部装修上花更多的钱，采用优质的装饰材料，而不是对外观精心打造。“对沈基文来说，内部才是给旅客的第一印象，这意味着它必须做得很好。最终的建筑理念是形式服从功能，没有华丽花哨的外墙，也没有气势磅礴的结构。”

唯一的例外是控制塔。蔡华明曾提议让它独立存在，这样它就可以成为樟宜机场的标志性建筑。然而，这有悖于安全惯例。警方曾建议最好将塔楼建在航站楼的顶部。“沈基文最终决定采纳我们的建议，安装闭路电视摄像头来解决安全问题。看看现在的塔楼多么漂亮，我真的太喜欢它了。”他自豪地说道。

航站楼内部的设计也致力于为旅客提供难忘的体验。离境大厅和入境大厅面积开阔，采用开放式设计，营造出宽敞的空间感，方便家人欢送和迎接亲人。

整个航站楼的景观设计，包括大量的兰花，让人即使在机场内也能联想到新加坡花园城市的氛围。免税商店设置在空侧区，以方便中转旅客。

每个阶段的设计完成后，都会将图纸提交给沈基文审批。由于时间紧迫，蔡华明还记得即使图纸尚未全部完成时就已经开始招标。他印象最深的一件事是1号航站楼出发大厅原计划中的立柱。

“沈基文问我们，既然我们可以使用大跨度屋顶结构，为什么还需要立柱。如果拆除了它们，空间就会变得非常巨大和宽敞，从而更加美观。”蔡明华说道。

遗憾的是，大楼的建筑招标已经发出。如果要拆除立柱，就必须重新设计屋顶，这意味着施工可能会出现延误。好在最终所有这些工作都按时完成了，如今大厅是没有立柱的。

这种在设计和施工之间的权衡不仅限于蔡华明和他的建筑师团队。工程师们也面临着同样的挑战。

当时还是公共工程部的一名高级工程师，后于2000年担任新加坡民航总局主席的廖文良（Liew Mun Leong）透露说，让问题变得更加复杂的是当时的公共工程部门缺乏机场建设方面的经验。“除了派我们参加培训和参观世界各地的机场外，沈基文还对我们进行了非常密切的指导。”拥有土木工程学位的廖文良说。然而无论面对的问题是大是小，沈基文始终保持冷静，沉着应对。

在土地复垦过程中，廖文良和他的团队发现一个计算错误导致了地面高度低了约15厘米，而补救这个失误需要花费4000万新元。“在20世纪70年代，这可是一大笔钱。我和我的上司为怎么告诉沈基文这件事而苦恼不已。我们甚至以为自己会被解雇。”廖文良回忆道。

最终两人别无选择，决定坦诚错误。然而出乎他们意料，沈基文居然毫不犹豫地同意支付额外费用。廖文良补充道："直到今天我还记得他说的话。他警告说，‘我可以支付4000新元，但如果你敢把哪怕一元放进自己的口袋，我一定会追究到底。’你如果敢欺骗他，那就一定会付出代价。”

事实上，沈基文并不吝啬，甚至非常愿意为了达到更好的效果而花费。林福山还记得当时对其中一条跑道的长度举棋不定。最初计划的长度为3.3公里，后来为了节省成本，缩短为3公里。“经过深思熟虑后，沈基文坚持将其延长至4公里，以容纳当时的大型飞机波音747。”林福山说道。

同样，尽管成本高昂，但沈基文仍呼吁复垦更多土地，以便未来可以修建第三条、甚至第四条跑道。由于他预见到了未来扩建的可能，因此樟宜机场的总体规划被设计为三个航站楼。林福山指出：“他是一位非常有远见的思想家，能够预见到三、四十年后的未来。”

无论是建筑师、工程师、航空专家，甚至是土壤调查人员，沈基文都和他们无障碍沟通。这让人们感觉他无所不知。林福生认为这要归功于沈基文在公务员系统中的工作经历。“他在不同的部委的很多部门任职过，见多识广。”

在某种程度上，沈基文希望他的下属也能采取同样的做法。1975年，后来担任民航局副局长的黄伟雄（Ng Wee Hiong）是在晋升为民航局适航司副司长后不久，第一次见到了沈基文。黄伟雄回忆起，当他在工作中出现不足时，他曾感受过沈基文的不满。

“当时我需要在短时间内掌握全新的知识，当他问我一个问题时，我却回答不上来，这可不是什么愉快的经历。”黄伟雄继续说：“他给我上的第一课就是，作为一名高级官员，我不能为自己设限，我应该了解各个部门和关于机场的一切。”

虽然樟宜机场项目对所有参与者来说都极具挑战性，但对能够亲眼见证机场建设全过程的梁伟玲（Leong Wai Leng）而言，这段经验尤其难忘。她是在行政服务部门担任支持工作的年轻官员，因此无比珍视自己作为机场发展执行委员会（ECAD）唯一女性成员和大家并肩作战的时光。她从1978年至1984年在交通部航空运输处工作，负责机场的开发工作。

梁伟玲回忆道：“直到今天，我们仍然非常怀念那段岁月，总是说那是我们自己的‘长征’。我认为沈基文也有同感。因为当我在他退休后与他不期而遇，并一起回忆起那段往事时，他说‘是啊，你们都是我的樟宜kaki’（马来语“伙伴”的意思）。’”

当时，特别是像她这样的年轻官员，对沈基文决定利用新加坡本土专家设计建设机场的勇气有很深刻地体会和感激，因为这培养了整整一代人掌握了机场建设相关的知识和技能。“我非常享受那段工作经历。”梁伟玲兴奋地说。

当她终于买得起一辆车时，她在车里放了一双胶鞋，以便在与沈基文一起视察樟宜机场施工现场时穿。有一次，当他们收拾东西准备离开时，他喊她稍他一程。她笑道：“我当时还能说什么呢？他就这样挤进了我的那辆小大发车（Daihatsu Charade），我们一路聊了许多，直到我把他送到目的地。”

在工地巡视过程中，沈基文会将自己的想法和指示录入录音机，以确保讨论内容能得到后续跟进。梁伟玲自己也做了笔记，她还记得高级管理人员会主动向她说明哪些项目需要审查。“这就是我们对工作的奉献精神。”

有一次，一个金属框架从天花板上掉到地板上后弹了起来，砸在了沈基文的小腿上。好在他没有受伤，也没有为此发脾气，而是继续视察工地。“承包商是一名日本人，他当时被吓坏了。事后，整个高级管理团队自发地排队来向沈基文道歉。”梁伟玲回忆道。

在她看来，沈基文的胆识体现在他允许工程团队采用不同寻常甚至全新的施工方法，从而在机场完成了许多“了不起的工程壮举”。例如，控制塔的顶部是在地面上制作完成后再吊上去的。“这是工程界的创举，我们用广东话叫它‘大头仔’。”梁伟玲解释说。

另一个则是大跨度飞机库，大到可以并排停放多架巨型喷气式飞机。这些机库是在印度尼西亚的一个岛屿上建造完成的，然后再运回来组装。“我们尝试了很多新东西。这对工程师来说简直就是宝库。”

当樟宜机场1号航站楼建造完成准备由公共工程部交付给民航局时，举行了一个小型的交接仪式。出席者包括沈基文、林福生和公共工程部部长叶能久（Yap Neng Chew），他们都坐在一个平台上。当叶能久正在致辞时，航站楼正在进行测试的广播系统突然开始播放音乐。

黄伟雄说：“我看到沈基文坐立不安，于是我决定从前排的座位上站起来，走到后排让人把它关掉。”后来，在茶歇时候，沈基文走过来表达了不满。“除了协调不力之外，他还质问为什么一定要我亲自出面来应对这种情况。他说我需要管理出一个反应更迅速的团队。”

吴伟雄表示，这就是沈基文对其团队高标准严要求的典型体现。沈基文是那种不仅关注全局，而且愿意且能够深入细节、找出问题根源的领导者。1981年初，在樟宜机场投入运营之前，团队必须进行多次试运行。梁伟玲参与了其中的一次，负责驾驶她的小大发车在机场周围的道路上行驶。她知道自己的方向感很差，因此主动提出当小白鼠。她回忆说：“沈基文开玩笑说，‘如果伟玲都不会迷路，那就没人会迷路了。’”

团队还安排了贵宾参观机场，各团体领袖也应邀参加。在此之前的六周，即5月和6月，公众可以预约参观预览。沈基文甚至同意以50美分的价格收费参观，以向公众展示禁区，如中转区和行李处理区。参观者络绎不绝，所有名额都被预订一空。到6月中旬，已有超过25万名游客

（约占全国人口的十分之一）走进了机场的大门。

在新加坡民航局于2006年出版的《从零开始》（*From Ground Up*）一书中，沈基文表示："我们希望让尽可能多的新加坡人成为机场的主人翁。我们希望这能让他们感到自豪。"

开门营业

1981年7月1日，樟宜机场迎来了它的第一架航班。新加坡航空公司的SQ 101航班于上午7时从吉隆坡飞抵樟宜机场。

这标志着樟宜机场正式投入运营。"如果没有沈基文的帮助，它不可能在预算范围内按时完工。"廖文良说道。

最后仅用8小时就完成对巴耶利峇机场的收尾搬迁工作，在过去的26年中巴耶利峇机场一直是新加坡的民用机场。飞往阿布扎比和法兰克福的SQ 28最后一班商业航班于当晚11点起飞，随后新加坡共和国空军进驻接管了巴耶利峇机场。

当然，沈基文整晚都在樟宜机场参与这一重要时刻。林福生说："我们本可以分几天来完成，但最好是一次性完成。"他还透露，为了让车队得以从巴耶利峇机场一路驶往樟宜机场，沿着淡滨尼路（Tampines Road）的一道闸门被打开了。"规划的精细程度令人咋舌，但我们所有人都齐心协力完成了这项工作。"

在樟宜机场等候的梁伟玲把车队比作沙漠中的大篷车。她说："我们所有人都非常激动，屏息以待。"凌晨时分，一位同事代表沈基文来找她。"我以为他需要我去做什么，但当我走到他面前时，他说，'我只是想看看你是否安好'。我很感动，因为他记得我是团队中唯一的女性，觉得有必要来确认我的安危。他就是这样打动着我们这些为他工作的人。”

在机场运营首日只有航班信息显示系统（FIDS）出现过一次大问题。该系统出现故障，导致离境大厅的两块主显示屏无法显示任何信息。

黄伟雄还在控制塔恰巧目睹了停车场的交通堵塞情况。“当时是清晨，我们往下看时，发现车一直堵到了后面。”原来，司机们进入停车场后，立刻就想找地方停车，从而阻塞了交通。因为不熟悉，他们不知道停车场其实空间很大，停车位并不短缺。“我们急忙派人下去指挥交通，疏通了入口。”黄伟雄回忆道。

总体而言，樟宜机场全新启用首日表现良好。航班信息显示系统的问题也早有应对，在启用前就已准备好了简易的备用方案。当天中午，沈基文与几位官员一起会见了媒体，他神采奕奕，对首日运营的表现表示满意。在1981年7月2日《海峡时报》发表的一篇报道中，他表示：“只是有一些小瑕疵而已。”

尽管当天出现了交通拥堵，但好在沈基文在机场开放前安排了开放日活动，确保了公众不会在正式启用当天涌入机场并影响运营。正如沈基文期望实现的那样，从通往机场的道路两旁的景观到航站楼内部的装饰，旅客们都享受到了五星级的体验。

沈基文在《从零开始》一书中说：“我决心让从巴耶利峇机场至樟宜机场的迁移过程成为乘客们心中极具体验感的经历……巴耶利峇机场相对平庸……但在1981年（樟宜机场）的‘惊叹’指数非常高。”

“当时，大多数机场都是以功能性为主的，所以我也遵循了这样的常规理念……但我决定让机场内的一切都必须在正常运转的同时还必须舒适宜人。机场需要一种特殊的氛围，我们非常希望保持这种氛围。

我们努力想要以人为本，尽可能地保持‘老派’的那种舒适温馨氛围，因此我们花费了大量的时间和金钱进行翻新改造。”

实现这个目标的过程细致入微地近乎强迫症。蔡华明清楚地记得，在项目竣工前的18个月前，一生都对樟宜机场有着浓厚的兴趣的李光耀总理亲自视察了现场，并要求增加更多的景观设计。“当时每个人都已经在争夺空间，以确保机场拥有所需的一切设施。有了这个指示，我们的工作就更有‘激情’了。”他笑着说道。

这一指令也延伸到了机场周围的道路上，廖文良解释说，沈基文指示他种植更多的树木，因为李光耀总理“希望在驶向机场的路上看到一片丛林”。每天，廖文良都要给沈基文发一封电报，提供当天最新的植树数量。

沈基文对实现这个目标十分执着。有一天，他在去机场的路上，注意到机场大道的起点处正在修建一栋看起来非常实用但不美观的建筑。原来，那是新加坡航空公司的航班厨房。“他非常不满，打电话向我询问为什么会有这样的建筑。”廖文良继续说：“不幸的是，由于这块土地不在机场总体规划范围内，我们无法控制上面要建什么。”

“沈基文问我如何才能挡住它，因为它影响了旅客抵达时的体验。最直接的方案就是种树，但因为我知道树木生长需要时间，所以我先建造了一个3米高的外堤，然后将树木种植在外堤上。”

然而，当有值得欣赏的东西时，沈基文也会小心翼翼地确保其不会被隐藏。这就是为什么1号航站楼的850个车位的停车场最终被设置在低于路面3米的深度。这也是廖文良的建议，因为这样就不会遮挡航站楼的景观。廖文良永远不会忘记沈基文对他的嘱咐："确保它不会被水淹没。"现在，星耀樟宜（Jewel Changi Airport）就矗立在这块土地上。

从硬件到软件，机场内部的设计都体现了这种严谨细致的态度。在行李手推车的设计上，沈基文坚持用塑料而不是金属制成扶手，以防止扶手因乘客手心出汗而腐蚀生锈。

急着赶飞机？不用担心，机场里的所有时钟都由一个主控器控制，确保所有钟表显示的时间一致，不会出现混乱。该系统由精工公司捐赠，沈基文派黄文亮前往日本了解其工作原理。"廖文良透露："樟宜机场的时钟与东京的时钟完全同步。"

当有人提出使用24小时制时钟时，沈基文否决了这一想法，他更倾向于使用12小时制的。廖文良说："他希望我们设计的钟表能让所有人都能看懂，防止有人算错时间。他虽然不是工程师，但他有一颗非常务实的心。"

尽管在当时铺设地毯是一件奢侈的事情，但沈基文坚持要在候机大厅的地板上铺地毯。"他违背了顾问们的建议，认为地毯可以增加空间的温暖感，并消除行李或手推车在地面滚动时发出的噪音。"

沈基文甚至还参与了对地毯的选择。他要求将所有样品排列在一块情绪板上，以便与建筑师一起挑选最好的地毯。他还要求团队寻找质量更高、使用寿命更长的地毯。最终，他们找到了只需每隔七至八年更换一次的地毯。这也使得空间设计焕然一新。

"但我们并没有到处铺设地毯。离境大厅和入境大厅的地板都铺设了瓷砖，以节省成本。"蔡华明补充道。

就像地毯能降低噪音一样，"低声扬声器系统"也能降低噪音。机场没有使用音量很大的扬声器播放广播，而是使用了许多音量很小的扬声器，把这些扬声器排列在一起。黄文亮解释说：“这使得声音清晰可闻，又不刺耳。”

由于沈基文要求黄文亮设计一个清晰的标识系统，航站楼内的导航变得非常容易。“在巴耶利峇机场，不同大小、形状和颜色的指示牌让人无所适从。因此，他让我们将其标准化。”黄文亮回忆说。这个解决方案一直沿用至今：引导乘客的主要标志是黑底黄色文字和图形，而次要标志的文字和图形则是蓝色。

沈基文还确保航站楼的布局不会让旅客为去往不同区域而频繁换层。例如，所有与出发有关的服务都在二楼，包括登机口候机室。当需要上下楼时，就会安装倾斜式自动人行道。事实上，樟宜机场是新加坡第一个使用这种设备的项目。

与其他机场相比，入境新加坡的旅客会有非常与众不同的体验。考虑到亚洲人喜欢携家带口地迎来送往，沈基文坚持在行李提取处、海关柜台和公共区域之间采用开放、透明的设计。“海关人员起初坚决反对这么做。”何明发继续说道：“因为他们认为他们的工作性质敏感，应该远离公众视线。”

但沈基文并不理会这套说辞。他熟知安检工作的实际情况，因此做出了些许让步，允许在海关柜台周围安装透明隔板，并提供了一间可以进行进一步搜查的房间。“他非常善于为我们扫清这样的障碍。”何明发补充道。为了进一步提升樟宜机场作为旅客友好型机场的声誉，机场内还设有免费的本地通话服务。这是因为沈基文发现，要找到一枚10分硬币来拨打电话并不容易，对那些途经新加坡的旅客而言更是难上加难。因此他与新加坡电信管理局协商，决定提供免费通话服务。“这一举措完全归功于沈基文。”何明发说道。

很多人都不知道沈基文是如何确保过境旅客得到妥善照顾的。在漫长的停留期间，如果有旅客（尤其是带着孩子的母亲）躺在地板上休息，他们就会被带到一个铺有床垫和毯子的专用空间。这些空间后来演变成了现在遍布整个机场的打盹角。

沈基文喜欢告诉他的员工“两块墓碑之间没有多余的土地”。换句话说，樟宜机场不存在“无人区”的概念。每个人都有责任照顾好机场的每一个角落，无论多么微小或不起眼。黄文亮说：“就是依靠这样的齐心协力，我们才创造了奇迹。”

所有人都知道，在机场的所有设施中，沈基文对卫生间最为关注。“我们是第一个制定卫生间清洁标准的机场。”黄文亮自豪地说。在沈基文看来，卫生间是衡量一个机场是否尽心尽力为旅客服务的标准。事实上，他每次抵达任何机场，包括樟宜机场，都会首先去看看卫生间的情况。

自然而然，他对卫生间的设计格外关注。在樟宜机场，男卫生间要比女卫生间大，因为男性乘客较多，需要设置更多隔间和小便池。烘干机和纸巾尽可能靠近洗手池，以防止洗手后滴下的水弄湿地板。

洗手池附近还有两三个挂钩，供乘客挂外套。在卫生间的隔间内，马桶的高度也根据亚洲人较矮的身高特点进行了调整，并且每个隔间都有一个放置个人物品的架子。隔间的大小也足以容纳行李车，并且可供行李车轻松进出。“他对细节的关注真是令人惊叹。”黄文亮说。

尽管沈基文努力将樟宜机场卫生间打造成五星级标准，但他也注意到，这些卫生间必须满足各行各业人们的需求，包括那些来自发展中国家的旅客，他们可能不熟悉这些卫生间里的设施。黄文亮解释说："卫生间必须能够承受乘客的粗暴对待。"

这意味着卫生间还必须抗造。所以机场卫生间的隔间采用了防止涂鸦的墙板，而且很容易擦拭干净，这在国内尚属首例。洗手台的台面也经过测试，可以承受人坐在上面的重量，因为人们有时会使用水槽进行简单的冲洗。

当感应式水龙头新上市并被推荐给沈基文时，他拒绝立即投入使用。他说，"如果乘客看不到把手，他们可能会试图硬扳把手，从而损坏水龙头。"廖文良解释道。

"他还有一句非常著名的话：当你引进某样新东西时，要确保用户知道如何使用它。他称之为'经过验证的尖端技术'。我们必须小心谨慎，不要被那些压根没有人知道如何使用的技术所迷惑。"

沈基文有意识地确保乘客在离开机场登机时也能享受到良好的体验。廖文良记得，他曾被要求确保飞机上的空调气流也能覆盖到整个登机桥或空桥，"我们的工程师必须重新设计，使气流有足够长的覆盖范围。"

除了对细节的把控，沈基文还必须监督航权谈判，以确保开放天空政策，同时处理与新加坡航空公司（SIA）的微妙关系，后者作为国家航空公司有自己的使命和目标。得益于在新加坡国际贸易有限公司代表新加坡谈生意的经验，沈基文在当时已经是一位非常熟练的谈判专家了。在谈判中支持他的是前部长林子安（Lim Chee Onn），他在1977年之前一直担任通讯部副常务秘书。

林子安说："航权谈判极具挑战性。首先，你必须说服本国航空公司有必要将我们的空域开放给其他航空公司。然后，你必须说服其他国家，我们也值得对方给予航权，必要时还需要提供一些交换条件。"

林福山曾多次目睹沈基文在谈判中的表现，他形容沈基文"非常出色"。有一件事让他记忆犹新，在与马来西亚谈判航权时，他们向新加坡民航局提交了一份方案。沈基文审阅后签了字。结果马来西亚马上告知他们撤回了提案。林福山说："他们说既然我们同意了，那这提案肯定有什么问题。"

林福山表示，在谈判过程中，沈基文始终努力寻找"符合双方利益的解决方案"。找到共同点非常重要，如果存在分歧，怎么让步就是关键。"理想的协议是离开谈判桌时，双方都不太满意，但也不是特别不满意。"他说道。

另一个问题是樟宜机场与新航之间的分歧。作为机场的主要用户，新航有着不同的需求。林子安说："在通讯部，我们主要关注的是将新加坡打造和发展成为区域航空枢纽，因此我们欢迎所有航空公司。"

"但如果按照新航的想法，他们宁愿把所有乘客都占为己有，因为新航当时优先考虑的是发展自身和尽可能多地运送乘客，以扩大机队规模。但是，我们正在努力吸引来自世界各地的旅客飞经新加坡，而不仅仅依靠新加坡人出行。如果我们这样做，樟宜机场一开始就注定会失败。"沈基文从一开始就对此坚定不移。

他希望把樟宜机场发展成为一个航空枢纽，因此他认为新航不应该享有任何特殊待遇。"他的观点源自李光耀总理。"林福山解释道："沈基文认识到，新航和樟宜机场都是我们作为航空枢纽不可或缺的一部分，但如果我们偏袒新航，其他航空公司就不会来了。他为新航及其成就感到骄傲，但他始终为新加坡的更大利益着想，即整体最优的理念。"

前部长丹那巴南后于1996年至1998年担任新航主席，他承认在这个问题上与沈基文有"单纯的意见不同，不包含任何敌意”。

“我们认为，新航对樟宜机场的贡献最大，因此应该得到特别考虑。作为国家航空公司，新航把新加坡放在第一位。沈基文的观点则截然不同。他说樟宜机场不需要国家航空公司。他引用了阿姆斯特丹史基浦机场不依赖荷兰皇家航空公司的例子。他认为樟宜机场作为航空枢纽的吸引力取决于樟宜机场的运营，而不是新航。我不同意他的观点。”丹那巴南说。

诸如给予新航优先起降的要求遭到了拒绝，为新航提供专用航站楼的建议也未被采纳。最终，双方达成一致，新航同意遵循机场一视同仁的限制条件。

当被问及沈基文的这一立场意味着什么时，丹那巴南指出：“他非常注重每一家与政府有利益关系的公司都必须自力更生，不应享有任何特权。”

虽然后来情况发生了变化，但在本书的采访中，这位前新航主席透露，直到今天，他在这个问题上仍然持有不同意见。“这是非常个人的想法，但我没有动摇过。”

建造内核

随着樟宜机场1号航站楼的开放和全面运营，人们以为沈基文会心满意足地退居二线——但他没有。

尽管他后来曾在其他机构工作，包括一家与政府有关联的跨国公司，但他对机场的关注始终未减。他参与了1990年启用的2号航站楼和3号航站楼的建设，但遗憾的是，他没能亲眼看到2008年启用的3号航站楼。

沈基文继续发扬其标志性管理风格，亲力亲为以掌握实际情况。“我们称之‘走动式管理’。如果他看到地上有垃圾，就会自己捡起来扔进垃圾桶。我们陪着他，也学会了这样做。”林福山继续说道：“他让我想起了天鹅，表面上看起来优雅平静，但在水下，脚掌正在疯狂地划水。”

他是出了名的喜欢问问题。“作为一名训练有素的工程师，每次参加机场发展执行委员会的会议，他都会提出一个我从未想过的问题。”廖文良回忆道。

有时，他的问题很难回答。廖文良记得，他们曾在第二跑道上修补过一个小坑洞。在沈基文得知此事后，他要求亲自查看坑洞的位置。“当时他问我，‘你确定这样能行吗？’我告诉他，‘作为一名专业工程师，这就是我能做的修复工作。我能保证吗？在工程领域，没有所谓的保证，尤其是对于这种技术性的问题。这就是我们修复路面的常规方法，我相信它能起作用，但我不能百分百保证。’”

沈基文还会在意想不到时提起工作。“我们乐于在会议期间与他交谈，但在会议之外，比如在卫生间里，他也会向我们询问任何问题，他从不停止工作。”在被任命为新加坡民航局主席主席后，沈基文在机场获得了一间专属办公室。“听说他有了自己的浴室和卫生间，我们都松了一口气。”黄文亮笑道。

撇开硬件不谈，如果机场不能提供高效快捷的优质服务，那么再漂亮的设施和装饰也只不过是一座空洞的建筑。同样地，沈基文在落实各种要素方面也发挥了重要作用，首先是著名的12分钟行李规则，即第一件行李必须在飞机舱门打开后的12分钟内到达传送带。他很清楚，当第一批到达行李领取处的乘客看到行李出现在传送带上时，即使这些行李并不属于他们，也会感到放心。

黄文亮的任务是分析流程、制定系统和设定现实的标准。“对沈基文来说，一切都必须像时钟一样精确运转。在使用巴耶利峇机场时，我们对机场地面运营的许多问题都感到厌烦。”

根据这一规定，最后一件行李必须在25分钟内到达，而如果是大型喷气式飞机，则需要在29分钟内到达。这也是整架飞机的乘客到达传送带的预计时间。

“我们对此进行了严格的监控。虽然我们不可能百分之百地做到这一点，但我们努力使成功率达到95%以上。”黄文亮继续说：“这不是一个惩罚性的规定，但如果我们失败了，我们必须了解原因，确保我们朝这个目标努力。”

毫无疑问，机场的其他功能也有相应的标准。例如，海关官员必须在10分钟内为每位旅客办理完出入境手续。何明发确信，樟宜机场是世界上最早以工作效率来量化考核此类工作的机场之一。当然，也有人提出了反对意见，但团队为这些官员设计了一个激励计划，以减轻他们的不满情绪。

黄文亮和他的团队制定了一套激励制度，将机票奖励给受雇于新加坡民航局以外的机构中表现最出色的员工。“在那个年代，出国旅行是一件奢侈的事情。有了这样的机会，员工们就有动力做得更好，而且当他们出国时，还可以在机场进行学习，了解别人是如何运作的，以及需要避免什么问题。我称之为知识收集型的教育活动。”

“老实说，有些想法并不是沈基文提出的，但他作为公务员首长一直坚定支持这些想法，为它们扫清障碍。”何明发指出。

“通过这种方式，我们建立了一个拥有正确价值观且更强大的机场——我们称之为‘樟宜内核’。”黄文亮补充道。

例如，在1号航站楼启用后的最初几年，收到的许多负面反馈都是关于机场工作人员“态度冷漠”。何明发负责处理这一问题。“大约在同一时期，全国发起了一场礼貌运动（Singa the Lion）。我决定顺势而为，借机改善问题。”他解释道。

诸如在出入境柜台摆放一碗糖果这样的细节，都有助于缓和整个办理过程的严肃气氛。何明发还研究了新航是如何管理客户服务的，毕竟客户服务是新航品牌的基石。任何新加入机场的员工都必须接受客户服务培训，包括如何应对棘手的旅客。

为了进一步激励员工，何明发开始设立年度人物奖项，每次都邀请通讯部长为获奖者颁奖。他解释说：“我们不想只要求服务好，我们想要传达我们对优质服务的珍视和重视。”他解释说。

樟宜机场的另一个重点是商业发展，以匹配机场想要成为航空枢纽的雄心。意识到购物是一个很好的吸引点，何明发着手确保免税商品的选择丰富且具有吸引力。

沈基文支持并扩展了这一战略，要求何明发确保机场免税店的价格等于或低于亚太地区（包括新加坡市中心）的最低价格。“他对赚钱不感兴趣，他只关心如何让机场枢纽这一定位成功。这项政策完全归功于他。”

就连1号航站楼地下的食阁也有沈基文的印记。最初，这里只是机场工作人员的食堂，后来向公众开放，因为这里到处都装有全空调，深受公众喜爱。

早在“精选”这一概念流行之前，沈基文就已经开始这样做了，他亲自挑选一些小贩来经营摊位。其余的小贩则是受邀参加他特设成立的食品品尝委员会的考核，通过后才能入驻。“对他来说，这很简单。”黄文亮继续说道：“员工的士气非常重要，而美食则是提升士气的重要部分。沈基文希望机场的食阁能全天候提供美味且价格合理的食物。”

他并没有就此止步。沈基文还要求食阁有专门的清洁承包商，按照一套预先确定的标准清理餐桌。“我们是第一个这样做的。”黄文亮补充道。

每个清洁工都有两块抹布。先用不太干净的抹布擦两遍桌子，然后再换干净的抹布擦一遍。然后将不太干净的布洗净，换成干净的布，反复循环。机场工作人员会进行随机抽查，如果桌子没有清理干净，承包商将受到处罚。

沈基文也会去美食广场吃午餐，并借此机会四处走走，与摊主们聊聊天，这是他的一贯风格。航空枢纽发展集团高级总监任锦荣（Yam Kum Weng）在新加坡民航局于2007年出版的《缅怀沈基文》一书中说：“许多自樟宜机场启用以来就认识沈先生的小贩称他为‘老大’，这反映了他们对他的尊敬和喜爱。”

沈基文热爱美食这事早已不是什么秘密。他的团队知道，与他共进晚餐时，总会吃到许多他最喜欢的街边小吃。黄伟雄还记得，在沈基文担任民航局主席后，他每周六都会去机场，与他的高级官员们在会议室共聚一堂。“他与我们相处得很融洽，午餐时，我们会为他准备一些简单的小贩食品，如猪肠粉（Chee Cheong Fun）、椰浆饭（Nasi Lemak）和罗惹（Rojak），然后同他聊聊近况。”

1988年，樟宜机场首次获得由英国《商务旅行者》杂志颁发的“最佳机场奖”。对于一个相对年轻的机场来说，这是一次重大突破。次年，郑天源（Tay Tiang Guan）加入团队，成为一名民航官员；2009年，他晋升为民航局副局长。虽然他并非从樟宜机场发展之初就与沈基文共事，但他加入时，正值樟宜机场开始在国际上获得认可的时期。

“从一开始与他共事时，我就能感受到那种兴奋之情。”郑天源继续说：“沈基文的价值观体现在樟宜机场的构思和运营方式上——服务、质量、创新等等。然而，他也是一个行事谨慎的人，不会让事情超出应有的分寸。例如，他虽支持最先进的技术，但同时也会尽量追求简洁。作为我们的主席，他确保我们都理解了这些基本要素。”

郑天源早期的职责之一是通过调研和机场管理部门的绩效标准来管理旅客和公众的反馈意见。每个月，他和他的团队成员都要整理汇编新加坡民航局给出的回复，将其汇总到一个文件夹中，然后发送给沈基文。“他会翻阅并评论这些答复。我从中学到了很多。我们还将最重要的投诉和表扬单独列出，并认真进行跟踪回访。我认为重视客户服务非常重要。”

对于这部分过程，何明发有不同的说法。他回忆说，当沈基文接手处理反馈文件时，他会一个个打开，然后签上了自己的名字表示已阅，再把它们放进已处理的托盘里。“我说，‘沈先生，你还没看过呢。’他顽皮地回答我说，‘是的，但他们不会知道’。”

平心而论，机场每个月都要收集数百份反馈表，让沈基文一一过目是不现实的。“他只能这样做。”何明发说道。

20世纪90年代，沈基文鼓励樟宜团队外出学习先进经验。例如，1996年，德国杜塞尔多夫机场客运大楼发生火灾，造成17人死亡。郑天源记得，当一切尘埃落定后，沈基文派出了樟宜的消防和救援队前往当地了解情况，并总结相关的经验教训。郑天源指出：“由于沈基文定下了基调，学习氛围在当时相当浓厚。”

当郑天源调离机场运营部门，转而负责空中导航服务时，他发现沈基文对他们所做的工作也同样能提供支持，尽管这是一项技术性很强的工作。“他非常关注空中交通服务的运作，对如何提供和协调这些服务的细节了如指掌。他知道这是任何航空枢纽的一个重要基础。虽然他始终保持着战略眼光，但在执行上，他也会就细节问题向我提问。”

其中一个例子是空中交通管制系统的升级。沈基文鼓励团队研究适用新加坡环境的尖端技术。但他也敦促大家谨慎行事，建议他们在实施系统之前进行测试并建立制衡机制，以确保系统正常运行。

虽然沈基文没能亲眼目睹三号航站楼的启用，但他参与了航站楼的部分开发工作，如航站楼设计、地毯选择和艺术品审批。郑天源说：“我们可以感觉到，他对什么东西好看、什么东西质量好、什么东西适合机场环境有很高的鉴赏力。”郑天源说：“我们从他对事物的质感判断中学到了很多，并能分辨出什么是有效的。”

沈基文甚至参与了3号航站楼旁酒店的开发过程，尽管参与的方式与人们预想的不同。在主持机场发展执行委员会会议时，该项目进入讨论和审批环节。两家入围竞标者之一是以林增集团（Lum Chang Group）为首的财团，而他正是该财团的顾问。“他回避了这次会议，并坚持让我来主持会议。”廖文良说：“为了避免利益冲突，他投了弃权票。”

经过反复斟酌，机场发展执行委员会根据设计、声誉和收益预测等因素，一致通过了林增集团的申请。新加坡樟宜机场皇冠假日酒店由此诞生。“当他立即把权力交给我时，就充分说明了沈基文的品格。”廖先生解释说：“这表明他为人正直，对自己的职位有清醒的认识，绝不会滥用职权。我们都知道他有能力做到公平公正，但他还是让位避嫌了。”

2000年代中期，樟宜机场开始讨论公司化事宜，最终于2009年成立了樟宜机场集团（CAG）。该集团负责机场的运营和管理、航空枢纽发展、商业活动和机场紧急服务。这些工作之前都由新加坡民航局负责。随着樟宜机场集团的成立，民航局将重点放在监管方面。

沈基文担心，将这些组织拆分后，它们将不再像以前那样协同合作，因为它们不再属于同一个框架下。郑天源说：“我记得我和他谈过这个问题，他告诉我在这个过程中要照顾好员工们。我想他主要还是担心组织中的员工会受到影响。”

自2007年从新加坡民航局局长一职退休后，黄文亮先生一直担任樟宜机场集团的高级顾问，他表示，樟宜机场集团和民航局一直在努力合作，以实现樟宜机场作为航空枢纽的共同目标。“只是运作方式不同，但基本理念是一致的。”黄先生总结道。

回顾

对于沈基文的核心团队来说，在主席的带领下，樟宜机场的建设是一次令人兴奋的旅程，有时很艰苦，但几乎没有枯燥的时刻。由于开发建设速度要求极高，沈基文让每个人都时刻保持高度警觉。除了获得与机场发展和管理相关的宝贵知识和技能外，他们还从沈基文那里获得了管理方面的实践经验。

林福山回忆说，有一天晚上7点45分左右，他刚回到家，正准备坐下来吃晚饭。电话铃响了，他接起电话发现是沈基文指示他转告某人一个信息。“我答应了，然后回到餐桌旁继续吃饭。五分钟后，他又给我打来电话，问我是否按他的要求做了。当我说还没有时，他说没关系，他已经自己做了。”

接替林福山的黄文亮是在沈基文的密切指导下逐步升至局长一职的。他的晋升出乎意料，尤其是考虑到他从未担任过副职，如果担任局长，意味着他将连升两级。

“那是周六上午的一个重磅炸弹。”他回忆道，“他告诉我，我的角色是做‘乐队指挥’。我必须确保我的副手们支持我，而我也要尊重他们。他还提醒我少说多听。”对于郑天源来说，他非常欣赏沈基文的洞察力，即使他事先对某一问题知之甚少或一无所知，他也能理清事情的来龙去脉。“在你向他解释了一些事情之后，他就能为你确定一个前进的方向。”郑天源认为沈基文尤为与众不同，因为他在面临复杂情况时，始终能保持冷静。

沈基文还教会了他简洁沟通的重要。在20世纪80年代末和90年代初，传真是传递信息的主要方式，郑天源不得不学会如何在将信息发送给他之前，提炼出最重要的内容，简洁到足以容纳进一页纸。“我们写的东西必须非常准确，而且我们使用的是笔和纸，所以下笔之前必须想清楚我们想说什么，然后再写出来。”

在樟宜机场启用40多年后，所有受访者一致认为是沈基文成就了这一切。

“李光耀决定了樟宜机场的搬迁，但真正建设樟宜机场的人是沈基文。虽然他不希望我们这么说，但我们一直视他为樟宜之父。你们今天看到的很多东西都在不同程度上是他的功劳。”黄文亮这样说道。

黄伟雄也有同感。“如果没有他，我们真的会迷失方向。是他把一切凝聚在一起的。”

对梁伟玲来说，沈基文的投入与奉献深深激励了她，并永远铭刻在她的心中。她最喜欢沈基文的一句口头禅是“不要告诉我500个事情不能完成的理由，只要告诉我一个可以做好的方法。”她说：“你会竭尽全力，因为你感受地到他是如此重视这点。”

沈基文卸任民航局主席主席后，廖文良曾问他是否可以任命他为名誉主席。沈基文考虑了一下，但最终拒绝了。“他的理由是樟宜机场的成功是许多人的功劳，而不仅仅是他一个人的功劳。”廖先生说道。

时间守护者

作者: 沈玫

20世纪80年代，公公的两个小儿子瑞强和瑞财在新西兰留学，期间，学校放假时会回到新加坡，公公有时会在他们下飞机时等他们。

我的叔叔瑞强说："我倾向于爸爸是想我们了，但他也会计算我们需要多长时间才能通关并取出行李走到门口。我们会一路步行到入境大厅，他有时还会检查卫生间。"

"虽然他有接驳车可以坐，而且我记得我当时很想搭便车，但我知道爸爸希望我们像普通乘客一样走完全程。有一次，我们花了很长时间才通过移民局和海关，取回我们的行李后上了车，他还真的大声地念叨着记了下来。我想他对此并不太满意。"

第五章

东方的鹰眼

作者：刘诗平

沈基文非常热爱打高尔夫。这几乎是本书所有受访者的共识。他如此热爱高尔夫，以至于在2007年11月去世前的几个月，尽管身体状况急剧恶化，但他仍坚持与朋友们一起专程去澳大利亚珀斯打了一次球。在那里，他打完了整整18个洞，似乎是直觉告诉他，这可能是他最后一次挥杆了。

对沈基文来说，高尔夫不仅仅是一项娱乐活动，它更是一个建立人脉、巩固关系甚至洽谈交易的机会。1965年，他在朋友黄敬智（Wee Keng Chee），时任新加坡港务局行政总监的介绍下开始打高尔夫。当时，果岭上常见的都是商界和企业领袖，沈基文是少见的高级公务员。而这后来也成为了他的优势。

“他对高尔夫球的热情让他接触到了私营部门的很多人。”前银行家佘林发（Peter Seah）说：“这种交融让他对商业思维与官僚思维的不同有了更深刻的认识，这有助于他更好地制定政策。他受命成立新加坡国际贸易有限公司，可能是政治领导层很早就认识到，沈基文是一个懂商业的人。”

钱德拉·达斯曾与沈基文一起在新加坡国际贸易有限公司工作过，他透露沈基文曾告诉他："如果我下午四点需要在办公室里与某人开一个重要的会议，我宁愿带他去高尔夫球场打两个小时的球。那样他就会全神贯注地听我讲。"

沈基文对高尔夫球情有独钟，他几乎每周都会打球。因此，当他负责樟宜机场的建设时，在机场旁建立一个高尔夫俱乐部的念头自然而然地就出现了。在庆祝丹那美拉乡村俱乐部（TMCC）成立25周年时，俱乐部已经为世人所熟知。沈基文当时在演讲中回忆道："有一次，我陪同李光耀总理在直升机上视察工地时，他建议将机场旁边的一块土地开发成高尔夫球场。"

由于樟宜机场周边实施了高度安全控制限制，而飞机起降的轰鸣声又整天不绝于耳，导致这里不适合用于商业或住宅用途。因此这片荒芜的土地只能用于工业或娱乐目的。

丹那美拉乡村俱乐部于1979年开始建设，由建筑事务所汤姆森·沃弗里奇·弗雷姆（Thomson Wolveridge Fream and Associates）设计了首个18洞球场——东球场。该项目占地67公顷，拥有西班牙风格的会所和苏格兰老式球场的地形轮廓。沈基文签署了该项目，《海峡时报》称其为丹那美拉乡村俱乐部的"幕后推手"。俱乐部于1982年试营业，于两年后的3月17日正式开业，沈基文担任创始主席。

"他为丹那美拉乡村俱乐部设定了非常清晰的愿景，那就是跻身亚洲顶级高尔夫球场之列。"曾参与俱乐部重建工作的建筑师兼前任俱乐部队长吴合祖（Goh Hup Chor）说道："当然，他明白这需要时间和合适的人来完成这项工作。"

从一开始，沈基文就知道该项目不会像在公园（或球道）中散步那样轻松。虽然政府为俱乐部预留了土地，但在资金方面不会提供帮助。因此，沈基文想出了一个办法，将会员分为企业和个人两种类别进行销售，价格分别为17500新元和15000新元。这是在俱乐部正式开业前两年推出的。当时的报道称，反响“非常热烈”，有些人甚至不得不被拒之门外。

何明发说：“我认为丹那美拉乡村俱乐部是新加坡第一个通过出售会员卡来为新高尔夫俱乐部的建设筹集资金的。”自俱乐部开业以来，何明发曾在俱乐部委员会担任过不同职务，现任俱乐部主席。“这真是个绝妙的方案，而沈基文在意识到有需求后，他提高了入会费。”何先生说道。

最终，他筹集到足够的资金，建造了两个高尔夫球场、一个会所以及配备了所有的顶级设施，使丹那美拉乡村俱乐部成为一流的高尔夫球场。就像机场一样，他做任何事情都不会半途而废。“他从无到有地创造出了真正美好的东西，让许多人都沉浸其中。”何明发评价道。

虽然俱乐部是一个自负盈亏的企业，但它还有另一个目标：鼓励高级公务员参与高尔夫运动。沈基文是一个真正的团队合作者，他认为作为来自公务部门的一员，为其尽一份力是理所应当的。毕竟，政府在这个项目上提供了帮助，以临时占用许可证的形式将土地租给了俱乐部，每年只象征性地收取12新元的费用。

这个目标其实有两层目的：一是让公务员与私营部门可以有一个共同的兴趣点；二是让他们与东南亚的同行，尤其是众所周知非常喜欢这项运动的马来西亚人进行社交活动。事实上，后来还发展出了新加坡和马来西亚两国公务员之间的年度高尔夫比赛。

何明发说：“这不仅对新加坡社会环境和氛围非常重要，也对我们与周边邻国的国际关系十分重要；他希望通过高尔夫运动加强不同国家公务员之间的社交联系。”

为了让公务员对加入高尔夫俱乐部更有兴趣且负担得起，沈基文专门设立了公务员会员，定价7000新元——不到普通个人会员费的一半，还允许分期付款。如果公务员想转卖会籍，他们必须再支付8000新元，补足15000新元的全价。

时任新加坡民航局机场管理部副局长的何明发报了名。他坦言，做出这个决定并不容易，因为这笔费用相较于他当时的薪水而言毕竟很高。“但当你的老板要求你加入时，你不得不加入。”他笑道。

就这样，新加坡有了一代会打高尔夫球的高级公务员，而沈基文对此功不可没。荣誉国务资政吴作栋当时在俱乐部和沈基文一起打球，偶尔也会从他那里得到高尔夫球技巧的指导。

“他是个优秀的高尔夫球手，我打得一般。我几乎不在高尔夫练习场练习，也很少打球。他会很有分寸地给我一些挥杆和推杆的建议。”吴作栋回忆说。

“大多数人在接待政治领导人时都会避免纠正客人的错误挥杆，生怕无意中冒犯了他们。有些人甚至还会对领导们偶尔打出得好球大加称赞。沈基文却会好言提醒，人际交往能力很强。”

上图：约1964年，时任国家发展部代理常务秘书的沈基文，与内政部常务秘书斯坦利·托夫特·斯图尔特（Stanley Toft Stewart），马来西亚总理东古·阿卜杜勒·拉赫曼（Tengku Abdul Rahman），总检察长艾哈迈德·本·穆罕默德·易卜拉欣（Ahmad bin Mohamed Ibrahim）和内阁秘书黄水生（Wong Chooi Sen）。

[斯坦利·托夫特·斯图尔特藏品，新加坡国家档案馆提供]

下图：1966年4月2日，时任财政部代理常务秘书沈基文在俄罗斯与新加坡签署贸易协定后发表讲话。

[信息与艺术部藏品，新加坡国家档案馆提供]

1968年3月3日，财政部长吴庆瑞博士（Goh Keng Swee）（左一）和马来西亚副首相敦阿都·拉萨（Tun Abdul Razak）（左六）在一旁观看沈基文开球。

[信息与艺术部藏品，新加坡国家档案馆提供]

1973年2月17日，李光耀总理在总统府举行的新年招待会上与华联银行和中侨银行副董事长兼常务董事黄祖耀（Wee Cho Yaw）（右）、新加坡国际贸易有限公司沈基文董事长（中）及社团领袖交谈。

[信息与艺术部藏品，新加坡国家档案馆提供]

1978年2月18日，巴耶利峇机场新入境大厅启用，担任通讯部常务秘书的沈基文（右）和公共工程部部长叶能久陪同高级政务部长王鼎昌（左二）出席启用仪式。

[王鼎昌收藏，新加坡国家档案馆提供]

左：1979年5月17日，公务员首长兼通讯部常务秘书沈基文，出席在新加坡会议厅举行的“全民电信”展览开幕式。

[信息与艺术部藏品，新加坡国家档案馆提供]

左下：1985年3月1日，沈基文与第一副总理兼国防部长吴作栋和第二副总理王鼎昌在丹那美拉乡村俱乐部举行高尔夫球赛。

[王鼎昌收藏，新加坡国家档案馆提供]

下一页：1988年8月27日，通讯与信息部部长兼国防部第二部长（政策）杨林丰博士在樟宜机场参加“最佳机场”庆祝活动。在他身后的是通讯与信息部高级政务次长何家良（Ho Kah Leong）和新加坡民航局主席沈基文。

[信息与艺术部藏品，新加坡国家档案馆提供]

1988年3月12日，包括首席大法官杨邦孝（Yong Pung How）（中）和新加坡民航局主席沈基文（左二）在内的嘉宾从市政厅站乘地铁前往金文泰站，庆祝地铁系统正式启用。

[新闻与艺术部藏品，新加坡国家档案馆提供]

20世纪90年代初，沈基文和黄金辉（Wee Kim Wee）总统在讨论推杆。

[沈氏家族收藏]

左三起沈基文、王鼎昌夫人、王鼎昌总统和柯寿增博士与王鼎昌总统的书法作品，1995年，中国苏州。

[王鼎昌收藏，新加坡国家档案馆提供]

1997年1月6日，沈基文在辛纳图雷大法官（T. S. Sinnathuray）的见证下，签署了任命他为总统顾问理事会成员的宣誓和确认文件。时任总统王鼎昌在场。

[信息与艺术部藏品，新加坡国家档案馆提供]

上图: 2001年11月23日，内阁部长和国务部长宣誓就职仪式结束后，沈基文在总统府的招待会上向国务资政李光耀致意。

[信息与艺术部藏品，新加坡国家档案馆提供]

右: 在纳丹（S. R. Nathan）总统访问丹那美拉乡村俱乐部期间，他与沈基文在一起。

[沈氏家族收藏]

在总统会议厅由沈基文担任代理总统向美国参谋长联席会议主席理查德·迈尔斯（Richard Myers）上将授予新加坡最高军事奖——杰出服务勋章（军事）（Darjah Utama Bakti Cemerlang (Tentera)）。国防部长张志贤（前排右二）一同出席。

[沈氏家族收藏]

还有一次，在时任总理李光耀的指示下，吴先生接待了澳大利亚总理鲍勃·霍克（Bob Hawke），并在他访问新加坡期间陪同他在在新加坡岛乡村俱乐部打高尔夫球。

“几天后，当我见到李总理时，他告诉我，沈基文看到我和霍克在高尔夫球场，想提醒我穿得体面些。当时因为天气原因，我穿了短裤，这是我的惯常打扮。”

吴作栋资政回忆起这堂意想不到的礼仪课说：“沈基文认为，在与贵宾打高尔夫时，我应该穿得更得体一些。我当时不知道在澳大利亚（和英国），在高尔夫球场上穿短裤而不穿及膝的高筒袜是不被允许的。我很感谢沈基文给我的建议，从那以后，我打高尔夫时就一直穿长裤。”归根结底，沈基文知道打几轮高尔夫球比在正式会议场合能取得更大的效果。何明发说：“这不仅仅是为了让我们享受其中，也是为了让我们与私营部门以及邻国的同行交流。他希望我们了解其他人的想法，如果有机会，还可以解决一些双边问题。我认为是一项非常值得称赞的成就。”

此后，市场的热捧使得俱乐部的会员费增长了10多倍，在撰写本书时已达到19万新元。会员资格也因此被视为一项具有投机性质的投资形式，人们购买会员证是希望在出售时靠差价获利。另一个促使会员费上涨的因素是，政府将部分高尔夫球场的土地重新分配用于其他用途，使得球场数量减少，可接待人数有了限制。最后，丹那美拉乡村俱乐部将其会员人数限制在2500人，与俱乐部设施规模相匹配，以确保每位会员都能舒适地享用球场。

沈基文遗留下的另一项举措是他自俱乐部成立之初便建立的委员会管理模式。何明发回忆说，沈基文觉得民主选举方式“混乱不堪”。他摒弃了这一做法，构思了一个由持有土地租约的法务部提名主席的制度。再由主席提名担任重要职务的个人，特别是会长、队长和财务主管。其余职位则通过选举产生。

曾在丹那美拉乡村俱乐部并与沈基文共事，后接替他担任俱乐部主席的的黄记祖（Ng Kee Choe）说道："这种结构最大程度地减少了内部分歧和职位竞争，为俱乐部的运作奠定了基调，也是俱乐部文化发展的强大推动力。"

何明发补充说："我们采用了混合结构，这是沈基文为俱乐部带来稳定、发展和进步的方式。当然，在这种结构下，主席也有成为独裁者的风险，但沈基文始终非常谨慎，以丹那美拉乡村俱乐部及其会员的最佳利益为重。"

这一点从他对待俱乐部设计的态度中可见一斑。丹那美拉乡村俱乐部高尔夫球场位于填海土地上，因此球场需要大量的沙子，使球场的地形既不会太简单，也不会太具有挑战性。幸运的是，由建屋发展局（HDB）管理的东海岸填海工程也在同时进行。

时任建屋发展局首席执行官的规划师兼建筑师刘太格说道："有一天，我接到沈基文的电话，询问建屋发展局是否可以将沙子卖给丹那美拉乡村俱乐部。他说他们需要这些沙土来建造高尔夫球场的起伏。我立即答应了。因为在我看来，沈基文参与的所有项目都会成为世界级的项目。"

与此同时，新加坡地铁系统（MRT）的建设也在进行中，挖出了大量土方。吴合祖说，承建商同意以十分优惠的价格将这些泥土卖给俱乐部。此外，为了给地铁线路让路而从全国各地连根拔起的树木也被移植到了丹那美拉乡村俱乐部。他补充说："我们的时机太好了。"

沈基文还做了一个大胆举动，决定在高尔夫球场上使用一种新的草种，以使其具有锦标赛水平。他选择使用百慕大草，而不是常见的实龙岗草，因为百慕大草的根系深、密度高、耐旱、色泽好。这种草的另一个优点是，当球撞击草地时，不会产生凹痕或痕迹。

丹那美拉乡村俱乐部是新加坡第一家在果岭上使用百慕大草的高尔夫俱乐部。吴合祖回忆说，在设计球场的过程中，就必须从美国进口百慕大草，并进行为期两年的种植和测试。

“做出这样的决定需要一位十分有魄力的董事长，因为如果结果不好，我们就会浪费所有的钱。沈基文非常清楚这一点。但是，他愿意坚持到底并承担责任。可以说，丹那美拉乡村俱乐部就像是一次实验。后来，很多其他俱乐部也效仿了我们的做法。”吴合祖说。

在丹那美拉乡村俱乐部的正式开幕式上，我们宣布正在筹建第二个高尔夫球场。据报道，沈基文在开幕仪式上说：“事实上，我们的高尔夫球场已经变得非常受欢迎，周末都很难有空位。为了应对这些压力，临时管理委员会甚至愿意承担更多罚款，决定在（东海岸）高速公路的另一侧增建一个18洞的球场。”

该球场最终被命名为淡滨尼球场（Tampines Course），与后来更名为花园球场的东球场一起，成为丹那美拉乡村俱乐部的两大特色球场。这两个球场后来都进行了翻新，沈基文全程参与。为了不断吸引大牌赛事在此举行，翻修是必要的，这也是成为本地区顶级高尔夫球场的进阶之石。虽然沈基文不是高尔夫球场设计师，但他对高尔夫运动的热爱和打球的高频率使他能够从高尔夫球手的视角提供独特见解。

吴合祖说，他不得不做大量的解释工作，以说服沈基文同意做某些必要的调整，比如修改球场的复杂程度。“好在他总是认真听取我们的意见，然后才会问最关键的问题：这要花多少钱。”沈基文同样致力于在丹那美拉乡村俱乐部的其他地方提供良好的会员体验。例如，在设有空调的更衣室里铺设地毯，这一点就饱受称赞。

前副主席王永雄（Wong Hung Khim）在2007年12月号的丹那美拉俱乐部杂志《丹那美拉》中向沈基文致敬时写道："这在当时是一个颠覆式的想法，更不用说高昂的运营和维护费用了，但多亏了沈先生，这一奢侈配置如今已成为了新加坡所有俱乐部的标配。"

王永雄写道，其他新颖的硬件还包括装有洗球器的高尔夫球车，还有用于清洗高尔夫球鞋的喷水器和气喷头。

时任体育和娱乐委员会委员的吴合祖先生曾直言不讳地指出，游泳池及其周围的露台需要翻新。沈基文爽快地答应了，条件是这事须由吴合祖负责。他带着几分无奈笑着说："当时我被吓了一跳，我本来只是在抱怨，结果我就被'点名'去做这项工作了。"

吴合祖提出了自己的条件：他同意接下这个任务，但前提是他要在不经过招标程序的情况下，自由选择心仪的建筑师参与此项目。因为他不愿意与自己不熟悉但又必须为他们的工作负责的人合作。沈基文不仅同意，还相信吴合祖能够完成任务。吴先生解释说："他只说我必须对费用保持透明，并且愿意在出现任何问题时承担责任。"

在日常工作中，沈基文以其对设施和便利设施细节的关注而闻名。据《丹那美拉》编辑戈弗雷·罗伯特（Godfrey Robert）回忆，有一次，沈基文在前往俱乐部的途中，发现入口处大门和墙壁上的油漆已经褪色，立即要求对其进行修补。

"他认为，这是会员和客人进入俱乐部的起点。从这个意义上说，他对每一个地方都很关注，而不仅仅是豪华显眼的地方。排水沟、垃圾箱、绿化和景观设计都是他关注的项目。"罗伯特说道。

吴合祖永远不会忘记，沈基文曾向他指出高尔夫球场前塔楼上的时钟慢了几分钟，或者记分牌上的荧光灯闪烁不定。他甚至还参与制定了中餐厅的服务标准，确保每位食客入座后都能立即得到湿毛巾和水。“现在，所有这些细节都已发展成为所谓的丹那美拉文化。每个来过这里的人都会注意到这里与其他俱乐部的不同之处，这里的服务非常出色。”吴合祖说道。

穆罕默德·侯赛因（Mohammed Hussain）是一位在丹那美拉乡村俱乐部高尔夫球场工作超过36年的高尔夫执勤员，他分享说：“沈基文不仅对员工，对会员也有很高的要求。当他前面的球组打得太慢，耽误了后面所有球组的时间时，他会毫不犹豫地让我们催促他们。他还会注意到会员们没有修补草皮凹陷或没有耙平沙坑，并让我们提醒他们遵守正确的高尔夫礼仪。”

以人为本

沈基文的强项之一，就是挑选合适的人与他一起工作，以实现他的愿景。负责俱乐部运营的罗伊·希格斯（Roy Higgs）就是这其中之一，希格斯从2004年到2012年一直担任俱乐部总经理。当他接到沈基文私人助理的电话安排与他会面时，他就知道自己得到了这份工作。此前，沈基文在1988年至2001年间担任新加坡赛马博彩局董事时，两人曾有过交集。希格斯时任武吉赛马俱乐部（Bukit Turf Club, BTC）企业事务部的副总经理，该赛马会由赛马博彩局运营。1989年，希格斯陪同沈基文一起前往海外进行为期一个月的实地考察。

此行的目的是了解海外赛马俱乐部成功经营和发展的秘诀及与之相关的支持性生态系统所需的基础设施和系统。

希格斯回忆说，他们每到一个赛场都有具体的考察重点。更重要的是，他分享道："晚上，沈基文会和我一起坐下来进行总结，确保我抓住了当天所见的关键要点。他很冷静，评论简明扼要，对我也抱有同样的期望。他的指导风格非常类似于一位教授，激励和指导自己年轻的学生。"

当希格斯被要求带着录音机去丹那美拉乡村俱乐部参加会议时，他意识到这是一个微妙的信息，表明沈基文选择了他，并希望向他介绍情况。虽然担任丹那美拉乡村俱乐部主席已有20年之久，但沈基文仍与希格斯坐了两个小时，讨论他的新工作。

"这是一场关于他对组织愿景、相关参与者以及如何成功的介绍指导。他坦率而直接，对问题了如指掌，开诚布公，没有拐弯抹角。"希格斯解释说。

沈基文建议希格斯将会议的要点打印出来，偶尔翻阅，以温故知新。希格斯说:"在我的职业生涯中，还从来没有一位资深董事会成员对我进行过如此个人化的全面指导。"

虽然沈基文优先考虑丹那美拉乡村俱乐部的会员，但他也意识到需要在为会员提供专属体验的同时，保持对临时客人的欢迎。管理层绝不容忍傲慢或势利的表现，他鼓励希格斯确保俱乐部不会赢得这样的"声誉"。"他希望我成为俱乐部对外的形象代言人，树立热情洋溢的形象。"希格斯回忆起那次指导时说道。对沈基文来说，另一个重要领域是球场的开发和升级，使其保持在最佳状态。

正因为如此，丹那美拉乡村俱乐部的会员资格持续保持吸引力，为俱乐部带来了收入，并为改善俱乐部提供了充足的预算。他还对俱乐部从高尔夫球场到公共区域，尤其是卫生间的内务进行了严格的监督。

希格斯永远不会忘记沈基文在卫生间问题上的教诲，他在樟宜机场时就是出了名地会经常检查卫生间。他对卫生间只有两个标准：不能有异味，地面不能湿。

他们每周都会见面，通常是在沈基文到丹那美拉乡村俱乐部打高尔夫时非正式地会面。他会邀请希格斯喝酒聊天，了解俱乐部的情况。尽管如此，沈基文从未给人一种他试图进行微观管理的印象。"他会从观察者的角度提出意见，从不妄加指责。谈完之后，我们就会采取行动改善，然后继续前进。"

事实上，这也是沈基文给希格斯上的宝贵的管理一课：如果某件事需要纠正，只需告诉负责人一次，而不是喋喋不休。希格斯回忆说，有一次，沈基文指出高尔夫球场的一些排水沟里堆积了树叶，清理得不够快。希格斯说："沈基文说让我去处理一下，但他从来没有给我发过提醒和电子邮件来确认。"

在董事会内部，除了他设立的主要委员会结构外，沈基文还设立了各种目的的委员会，如俱乐部的发展和长期规划委员会。据希格斯观察，沈基文巧妙地引导着这些委员会的工作，使其始终专注于整体战略。每当出现任何偏差，他都会适时介入。希格斯回忆说："他做得几乎天衣无缝，不动声色地将大家带回正轨。"

作为主席，沈基文坚持参加俱乐部的各种活动。例如，每年春节他都会观看舞狮表演，之后给大家派发装有现金的传统红包。

吴合祖说："我总是在日记本上写着，那段时间千万不要去旅行，因为作为俱乐部队长，我也必须去。"

但沈基文最让人难忘的是他对丹那美拉乡村俱乐部员工的关心。希格斯说："直到今天，一些老员工都对他赞不绝口。”除了关心他们的待遇，沈基文还总是维护他们。他从不容忍任何人对他们傲慢无礼。“大家知道，如果要在会员和员工之间做出选择，沈基文肯定会站在员工一边。他知道员工总是处于劣势。”

有一件事可以证明这点。侯赛因说：“当时，沈先生正在更衣室，偶然听到一名会员大声斥责一名员工。他走过去，严肃地对那位会员说：‘如果你不喜欢这个俱乐部，你可以卖掉你的会员资格！’。”这件事很快就在丹那美拉乡村俱乐部员工之间传开了，并在多年间反复被提及。

侯赛因补充说：“他对员工也非常慷慨，还鼓励他的朋友和委员会成员给小费时要大方点。”

例如，沈基文十分支持俱乐部管理层和员工（包括球童）之间一年一度的高尔夫球赛。时任总裁的李金耀（Dennis Lee）捐赠了所有奖品。吴合祖说：“员工们都很开心。”此外，沈基文还支持那些希望继续深造的员工，甚至启动了一项员工福利计划来资助他们。当有员工去世时，他也会表示慰问。“因为他真的在乎每一个人。”吴合祖解释说。丹那美拉乡村俱乐部餐饮部助理经理唐凯文（Kelvin Tong）讲述了沈基文是如何谦逊、真诚地对丹那美拉乡村俱乐部员工表达感谢的故事。

那是1999年，沈基文在俱乐部的花园高尔夫球场露台庆祝自己的70岁生日。

汤先生永远不会忘记，餐厅入口处装饰着童话般的彩灯，大堂里矗立着数字“70”的冰雕，餐厅的露天区域摆满了小贩摊位，都是沈基文最喜欢的菜肴，如酿豆腐、沙嗲和娘惹小金杯。此外，还有来自园景餐厅的中式菜肴，汤先生当时是该餐厅的主管。

晚上11点左右晚会结束时，工作人员开始收拾打扫。“沈先生走到我们每个人面前，包括厨师和清洁工，与我们握手，并对我们说：‘感谢你们的辛勤工作。’他的举动让我们非常感动，让我们觉得为筹备派对所做的一切努力都是值得的。”汤先生回忆道。

罗伯特也亲身经历了沈基文对丹那美拉乡村俱乐部工作人员的善待。有一次，他和摄影师徐杰瑞（Jerry Seh）在花园球场报道汇丰女子冠军赛时，沈基文看到他俩正从一个洞走到另一个洞。到了第四洞，沈基文把罗伯特叫了过来，问他们有没有球车。“当我说‘没有’时，他赶紧叫来了一位管理员，让他马上找来两辆球车。他让我驾驶其中一辆，并找来一名司机把杰瑞载到洞口拍照。他的这一举动让我感动不已。”

罗伯特还回忆说，有一次他和三个朋友去中国昆明打高尔夫，在酒店大堂偶遇了沈基文。四人随后在酒店共进晚餐，离开时服务员没有给他们出示账单，他们感到非常惊讶，才知道原来沈基文已经为他们付了餐费。

不过也许最令人难忘的还是在旅行结束后在机场发生的事。“沈基文和我们乘坐同一班胜安航空。飞机上很空，我们非常感谢他与机场工作人员沟通，帮我们升级到商务舱，得以舒服地度过近5个小时的旅程。”罗伯特说。

2004年，当罗伯特成为《丹那美拉》的编辑时，沈基文对他说的第一句话是：“努力做好工作，如果有任何问题，请随时打电话或给我留言。”这句话让罗伯特有了温暖的感觉，尤其是他清楚地知道沈基文在公务员系统和政府关联公司中的地位。

一如沈基文的风格，他随后邀请罗伯特喝下午茶，感谢他承担编辑工作。“我们在康莱德酒店与时任高尔夫总监的埃德温·邱（Edwin Khoo）共度了两个小时。在这次会面中，我对沈基文有了更深入的了解，尤其是他是一个非常有原则且严于律己的人，不允许任何人胡闹。”

“他总是对我在丹那美拉乡村俱乐部的编辑工作提出反馈意见，我发现有些经验可以用于我的全职新闻工作。例如，他说永远不要在没有准备的情况下接受任务，因为如果你暴露了自己的不足，这不仅是你的问题，也会影响到整个组织。”

在丹那美拉以外，还有一件事让罗伯特印象深刻。

沈基文曾在花园球场接待过曼联足球队，包括球队经理亚历克斯·弗格森（Alex Ferguson）。他热情好客，甚至把球杆借给了没有球杆的球员。

“后来，他请队员们吃饭，虽然他给我的印象并不像一个足球迷，但沈基文对曼联了如指掌。他参与了讨论，并表达了一些很有说服力的观点，比如讨论球员和俱乐部的未来前景。显然，他一定提前做了很深入的研究。”罗伯特说道。

鉴于沈基文在丹那美拉乡村俱乐部的发展和成功中起到的开创性作用，黄记祖在沈基文去世后继任时感到紧张是可以理解的。“当我接替他时，我有些忐忑，因为我必须确保他的辉煌得以延续，使丹那美拉俱乐部在新加坡和区域内继续保持顶级。”

挥洒自如

作者：沈玫

高尔夫球是公公生活中不可或缺的一部分，因此他的三个大儿子在很小的时候就开始接触高尔夫球，并且直到现在仍是狂热的高尔夫球爱好者也就不足为奇了。十几岁时，我的叔叔瑞春经常在学校放假时打球，有时他父亲有时间的话，他们也会一起打球。

瑞春回忆说，即使他们前面的那组选手打得很慢，公公也非常有耐心。这通常会让大多数人感到烦躁，但公公从未因此烦躁。相反，他用这段等待的时间练习，根据他朋友们的建议调整挥杆动作。他还用高尔夫球手必须随身携带的沙瓶来填充周围的草皮凹坑。等到他能安全击打下一杆的时候，他附近的所有坑洼都已经被填好了。

我们家打高尔夫的人都深深地记得，有很多次，公公从高尔夫球场回家，在晚饭时会兴奋地宣布他“发现了一个秘密”，接着就开始描述一种新的击球方法。

第六章

严厉的爱

作者：沈玫

1967年，公公五个儿子中的老三沈瑞兴（Paul Sim）在公教中学（Catholic High）开始上小学时，因为父母忙于工作，是公公的秘书克里斯蒂娜·许（Christine Koh，原姓萨拉德奇），一位欧亚裔女士带他参加了新生报到。

“当其他大多数男孩第一次由父母双方陪着上学时，我一个由一位欧亚裔女士陪同的华人男孩收到了许多疑惑的目光。”瑞兴回忆道：“父亲忙得不可开交，他在我上学期间可能一次都没有踏进我的学校。”

但在十几年前，从上世纪50年代末到60年代中期，情况则有些不同。1958年，当公公、婆婆和他们的长子瑞炎从伦敦回来后，搬到了郭川大道31号与婆婆的父母同住。那是一栋两居室的小排屋，后面有一个小小的扩建部分，是公公为了容纳日益壮大的家庭而建的。在此期间，婆婆分别于1958年和1960年生下了他们的二儿子瑞春和三儿子瑞兴。与婆婆的父母住在一起对他们来说非常方便。因为当公公在公务员系统工作时，婆婆则忙于在附近不同的学校教书，所以家里的孩子都由外婆的父母负责照顾。

那时公公的工作还没有那么忙，他有更多的时间陪伴家人。在瑞炎的记忆中，在他们兄弟年幼的时候，公公给予了他们更多切实的陪伴与情感的表达。

职场父母就好比一个玩杂耍的人。我想我和公公在这点上是一样的。我们一生都在平衡手里的三个球：家庭、工作和社交。每天，我们都在有意识地根据当天的情况和环境，决定哪两个球会被抛向空中，哪一个球会被我们紧紧抓住。但经常发生在我身上的情况是，无法接住抛向空中的俩个球，有时甚至三个球都会掉下来。

同样，我觉得公公每天都在选择如何平衡时间。大多数时候，他和我们中的许多人一样，别无选择，只能紧紧抓住他的工作球，把另外两个球抛向空中。但是，每当他抱着他的家庭球时，他就会珍惜和爱护与它在一起的短暂时光。

当公公早下班回家时，他不会像自己的父亲那样严厉检查孩子们的功课，而是花时间和他们一起玩耍。所有年长的叔叔们都一致认为，和公公一起斗风筝是他们最享受的消遣之一。

这是一门真正失传的艺术，不适合胆小的人，也没有即时满足感。准备战斗风筝是一个漫长的过程，需要极大的耐心。我半信半疑地认为公公是用这项活动来教导好动的孩子们学会坚韧不拔的。首先，公公会带着他们在郭川庄园附近散步，在垃圾箱里寻找旧灯泡或其他玻璃废料。他们要花上几天时间才能收集到足够的玻璃。然后，他们会用研钵和杵捣碎玻璃，直到玻璃碎片变成非常细的粉末。

听说他们用的是祖母舂辣椒的石臼，我感到非常震惊！我想他们说的是真的，上一代人的体质确实比我们今天的人要强壮得多。

将玻璃粉倒入一个空的牛奶罐中，加入从中药店买来的胶水、水和食用色素，混合搅拌，制成一种彩色的、闪闪发光的粘稠糊状物。接着，将风筝线绕在一根铁丝上，然后将整个风筝线完全浸入糊状物中，以确保风筝线均匀地涂上玻璃粉。完成后，风筝线被解开并晾干。然后这根闪烁着细玻璃光泽的线将被系在从加东一家华人dhobi（泰米尔语中的“洗衣工”）店买来的宣纸风筝上。

附近的家庭会带着他们的风筝走到距离郭川大道约50米远的大空地上。风筝一旦升空，就会成为其他放风筝的人的攻击对象，大家的目的就是用玻璃线割断别人的风筝线，让风筝飞走。在瑞炎的记忆中，公公在这项游戏中相当好胜。和其他运动一样，他也有赢有输，一切都是乐趣。

然而，随着公公的公务员生涯开始见露头角，他承担的责任越来越多，他与儿子们在一起的时间就不像以前那么多了。尽管如此，他并没有对他们疏于管教，而是一直在寻找合适的教育时机。我的父亲和叔父们普遍认为，公公信奉的是向儿子们灌输普遍的生活原则，细节让他们自己去琢磨。作为父亲，他总是见微知著。

“我记得爸爸唯一一次帮我辅导功课是在中学一年级数学考试的那天早上。他看到我正在为课本上的一道难题苦恼，就停下来问我在做什么。他看了看课本，很快就把概念教给了我，然后我就去上学了，他也去工作了。他只花了20分钟教我，我就通过了考试。”瑞兴说道。

我最小的叔叔瑞财也这样评价公公：“虽然功课从来不是他的强项，但我从父亲身上学到的重要经验是做事要‘有始有终’和‘不要随便应付，要尽力而为’。当然，每当他觉得我们做得不如他的预期时，他都会表示不满。”1963年，在新加坡和马来西亚合并之前，公公被派往吉隆坡担任关税咨询委员会副主席时，他的育儿理念受到了挑战。在新加坡与马来西亚合并的整整两年时间里，公公一直留在吉隆坡，直到1965年才返回新加坡。

一家五口乘坐一辆路虎90出行，三个男孩瑞炎、瑞春和瑞兴挤在后座上。

“去吉隆坡的旅途一点也不愉快。当时没有像现在这样平坦的高速公路。路面蜿蜒颠簸，闷热和潮湿的天气让情况更加糟糕。我记得我们不得不经常在路边停车，因为我和我的兄弟们总是呕吐不止。”瑞炎回忆道。

在吉隆坡，因为家庭成员不断增加，为了节约每一分钱，精打细算的公公决定将路虎90的汽油发动机改装成柴油发动机，因为柴油比汽油更便宜。

“后来这成了家里的一个笑话，因为柴油发动机比汽油发动机麻烦得多！我真的不确定省下这几元是否值得。爸爸在吉隆坡的司机不得不提前到岗，因为柴油发动机需要预热后才能启动，而且声音非常大，大家还没看到车就已经听到了声音。有些早晨，柴油发动机甚至无法启动，导致我上学迟到，他上班迟到！”瑞炎分享道。

在吉隆坡，公公忙着与马来西亚同行敲定合并的细节和建立共同市场的可能性。因此，孩子们常常只能自己照顾自己。

“我们最初在新加坡高级专员公署的大院里住了几个月。我喜欢那里，因为它很大，而且有空调！”瑞炎打趣道。

之后，他们全家搬到了八打灵再也12/21A，10号的一间出租屋。这是一幢坐落在一个安静的住宅区里被粉刷成白色的两层平房，共有三间卧室。虽然公公和婆婆在吉隆坡的大部分时间都在出席各种活动，把孩子们留给了一位帮佣，但只要公公在家，他就会尽力抽出时间陪伴他们。1965年，他们的第四个儿子瑞強在亚松达医院（Assunta Hospital）出生。

这个年轻的家庭很快就在八打灵再也的家中建立起了日常的生活习惯。房子前面有一个宽敞的阳台，阳台上铺着大块的白色瓷砖，在日光下就像刚切好的豆腐一样闪闪发亮。傍晚时分，他们在这里吹着微风，享受着彼此的陪伴。阳台前面是一大片绿油油的牛筋草草坪。庭院里没有其他植物或树木，只有这片空旷的草坪。有时晚上下班后，公公和三个男孩会蹲在草坪上用钳子拔杂草。

“他坚持让我们用钳子拔除杂草，因为他想确保在拔除杂草时，我们能够连根拔起。他会不断提醒我们动作要轻柔，以确保我们拔掉的是整株杂草，而不留下任何可能以后会重新长出来的部分。”瑞炎说。

杂草会被收集到草坪边的一个大草堆里。到周末时，公公就会在院子里升起一堆篝火，把它们烧掉。

在一次烧篝火时，公公萌生了搭建一个临时烤炉来烤红薯的想法。瑞炎回忆道：“附近有很多建筑工地，爸爸就去那些地方收集废弃的花岗岩，用来制作一个简易的户外烤炉。”

在吉隆坡，瑞炎在位于东姑阿都拉曼（Jalan Tunku Abdul Rahman）的峇都路学校（Batu Road School）上小学。由于公公在关税咨询委员会的办公室就在附近，他有时会去学校接上瑞炎，带他出去吃午饭。他们会在安邦路（Jalan Ampang）的比拉饭店（Restoran Bilal）用餐，在那里他们可以享用一顿丰盛的椰浆饭（Nasi Briyani），再配上一杯甜甜的姜母茶（Teh Halia）。

偶尔，公公的一些同事也会加入他们的行列。午饭后，司机将大人们送回工作岗位后，就把瑞炎带回家。瑞炎很喜欢这些特殊的日子，因为这意味着他不必像往常一样坐公交车回家。

这个年轻的家庭在吉隆坡安居乐业，父亲开始有了新的爱好——在木笼里捕捉和饲养鹎鸟。在吉隆坡的两年里，他在不同的笼子里养了六七只鸟，都在房子后面叽叽喳喳地叫着。

但生活往往不会一帆风顺，随着与马来西亚合并的失败，一家人在吉隆坡的平静生活就成了分离的意外牺牲品之一。“有一天，爸爸下班回来，向全家人宣布我们要立即收拾行李返回新加坡。我们无法理解他的急切心情。”瑞炎反思道：“我甚至试图和他争辩，告诉他我需要时间来放飞那些笼子里的鸟，因为它们已经被驯化，无法再在城市里生存，但他说没时间了，我需要马上放飞鸟儿。可悲的是，我知道它们注定会死在那里。”

当我想象着宠物鹎从笼子里飞出来，不安又毫无准备地飞向蓝天，也许会落入盘旋在上空的许多掠食者的魔爪时，我不禁想到新加坡也是这样被推向未知的命运的。这种释放既突然又出人意料。一个从殖民主义牢笼中解放出来的新国家，没有自然资源，如何自力更生？

尽管新加坡和马来西亚分隔两地，两国之间的共同市场谈判也以失败告终，但公公被派往吉隆坡还是有一个重要的益处——这使他与当地的商界建立了深厚的联系和友谊。这对他的后半生大有裨益。事实上，我认为这是公公最大的优势之一。他有一种迷人且不具有威胁性的气质，让人们在他面前卸下心防。他善于交际，尤其擅长维持长期的友谊。在马来亚大学读本科期间，他与另一位来自吉隆坡的学生萧念志（Siew Nim Chee）成为了非常要好的朋友，后者比他大一、两岁。

萧先生经常被公公称作是向他介绍古典音乐的人，后来也是他在吉隆坡的主要联系人，带他进入了马来西亚商界的内部圈子。瑞炎说，多亏了萧念志，虽然公公在吉隆坡只待了两年，但他很容易就融入了那里的生活。

回到新加坡后，一家人从1965年到1967年一直住在位于阿德路的阿德台（Arthur Terrace）。小瑞強住在郭川大道的外婆家，由外婆照顾。虽然他的英文名不是以街道命名的，但外婆还是这么告诉他，因此他在很长一段时间里，也这么认为。1966年，家中最小的男孩瑞财出生了。

阿德台是殖民地政府在加东为高级公务员建造的两排排屋。每栋房子都有两层，内部有一个通风的露天庭院，楼上的木地板色泽黝黑，走在上面吱吱作响。房子前面是一个宽阔的公共草坪，上面种着高大的椰子树，傍晚时分，附近的孩子们就在这里踢足球。

“阿德台拥有一切。它宽敞、临海、宁静。爸爸经常说，他想永远住在那里。”瑞炎回忆道。

尽管如此，在阿德台度过了两年幸福时光后，公公还是很现实地意识到，无论多么舒适的公务员住房都不可能永远住下去。于是，他举家搬到了华登岭（Watten Estate），曾在三栋不同的房子住过，最终定居在华登岭路114号的房子。

华登岭路114号是远东发展控股公司于20世纪70年代初开发的新社区中最后一栋出售的房屋。许多潜在买家都尽可能避开它，因为在粤语中，1-1-4念“yat yat sei”，与“天天死”同音。

婆婆说：“我们是基督徒家庭，不应该受这种迷信影响。”于是，公公就买下了这栋房子。1973年，他们搬进了华登岭路114号，沈家兄弟的生活也进入了舒适的节奏。那时，公公在新加坡国际贸易有限公司忙得不可开交，婆婆也仍在教书，大儿子瑞炎、瑞春和瑞兴已经十多岁了。瑞強和瑞财那时分别是五岁和四岁，也搬回来与父母同住，不久后，他们开始上小学。

无论公公多么忙，每天的家庭聚餐都充满仪式感。当他每天晚上回来时，他希望所有在家的儿子都能等在门口迎接他。“他通常会在晚上7:30到7:45左右回来，具体取决于他从哪里回来。他会按响汽车喇叭，希望他的儿子们在门口待命，准备从车里取下他的公文包或高尔夫球包。”瑞财分享道。

汽车喇叭声不仅仅是简单的嘟嘟声。它几乎是一个军乐队。当公公吹响他的标志性号角时，瑞炎会大声用中文或英文喊“英雄来咯”。这些喇叭声让婆婆很抓狂，因为她总是担心邻居们会抱怨，但他们从来没这样做过。

“晚餐时间是一种仪式。因为他整天不是在工作就是在高尔夫球场上，所以我们必须一起在餐桌前吃完饭。有时，我这个淘气的孩子会把食物藏在盘子下面。我想爸爸肯定发现了，但他什么也没说。”瑞兴说。

虽然公公很少管教儿子们，而是把这个不愉快的任务留给了他们的外祖母，但他绝不是一个溺爱孩子的家长。事实上，他在教育儿子方面非常务实，不接受任何无礼的行为，并努力确保孩子们在成长过程中远离娇生惯养。

一个特别炎热的下午，上中学的瑞兴在放学回家的路上正巧看到公公的车从他身边呼啸而过。

15分钟后，瑞兴终于回到家，他的白色校服被汗水湿透了，他问父亲：“爸爸，你刚才看到我了吗？”

“看到了。”

“那你为什么不为我停车？”

“为什么要停下来？”公公回道。

还有一次，在他们搬家的时候，公公没有请专业搬家公司，而是让他的五个儿子收拾家里的东西，把所有东西从华登岭的一栋房子搬到大约200米外的另一栋房子。

“想象一下，三个少年和两个小男孩要分工协作并将一栋三层楼高的房子里的所有物品搬运到另一栋房子里！”瑞兴笑着回忆起交给他们的这项浩大工程。

“除此之外，他还让我们把所有的东西都沿路搬过去，甚至没有为我们租一辆卡车！”瑞炎补充道。

尽管任务艰巨，但孩子们没有让人失望，成功地完成了搬运任务。瑞春甚至自己制作了一辆木制手推车，这让兄弟们在运送重物的过程中享受到了从斜坡上飞驰而下的乐趣（也许有点冒失）。不过在他们又要搬家时，由于孩子们的强烈抗议，公公雇用了搬家公司，用一辆大卡车运走了所有的家具和物品。

瑞春还记得父亲如何给他上了宝贵的人生一课：“爸爸教会我很多实用的生活技能，从修理水管到解决家里的电器问题以及处理各类故障。大约在我十二岁时，他要求我动手疏通马桶堵塞，但我完全不知道该怎么做。看我用马桶刷不管用后，爸爸就走过来说：‘把手伸进去，快速用力推。’就像变魔术一样，堵住的地方通了。我真的很惊讶，原来这么简单。就这样，他给我上了一课：不要怕弄脏手！”

瑞炎的“教学时刻”则出现在一个周六，当时他正在服兵役，周末难得休息，他刚排满了活动，公公就打来电话，说他打完高尔夫球正在回家的路上。他坚持晚餐要吃火锅，并希望瑞炎负责准备。

20世纪70年代的火锅与现在截然不同。汤是用炭火烧的，这就导致火锅用具在使用后非常脏。因此，在父亲回来前的一个小时里，瑞炎慌忙地清洗蒸锅，准备肉类、蔬菜和汤底，并试着生火。

等公公回到家时，瑞炎已经筋疲力尽了。他问：“你为什么非要今天吃火锅呢？我们可以改天再吃啊。”

我的祖父很自然地回答：“为了考验你。”

在回顾童年时，瑞财说：“现在回想起来，我觉得爸爸总是对我们抱有某种期望。在某种程度上，他的公务员和企业生活对他的家庭生活也产生了一些影响，他把工作时一丝不苟的态度也带回了家。比如有一次，他让我把一封信传真到瑞炎家。我记得那时他即将从吉宝集团退休，而我们早已长大成人。”

“我发完传真后，又给瑞炎家打了电话，确认传真收到了。他可能一直在边上观察着我，因为他说：‘没有多少人会在传真后还打电话确认收到传真。做得好。’是的，这就是他的风格，总是要考验你。”瑞财回忆道。

瑞強对父亲的记忆却截然不同。瑞強最早也是最愉快的记忆之一，就是在公公难得提早下班回家时，他可以和父亲以及家里那只名叫“船长”的狗一起去散步。很少人知道，公公其实非常喜欢狗。当他下班回来时，很难说船长和他谁更开心。船长会依偎在公公身边，有时它甚至会让他把脚放在它身上，就像脚凳一样，而他则放松地享受睡前小酌。在搬到华登岭路114号后没几年，“船长”就去世了，散步这项活动也随之停止了。

那时，公公已经是新加坡国际贸易有限公司的董事长，他的生活变得更加忙碌。

瑞強说：“父亲经常出差，但当他旅行归来时，有时会带回一些奇特的纪念品。我记得他从俄罗斯带回来鱼子酱，早餐时我们会把它抹在吐司上吃。当时我才八岁，根本不知道这有多奢侈。我还记得瑞财和我都得到了德州仪器公司生产的电子手表。那应该是20世纪70年代的事了。他有点像反季节的圣诞老人，有趣的是，他从来不为我们准备圣诞礼物。”

公公有时对钱很吝啬。这点也让婆婆时常感到无奈。

好在，当婆婆不再教书后，公公帮她做起了小生意，在希尔顿酒店内开了一家礼品店兼药店。他们之间有一种默契，那就是无论她赚了多少钱，她都可以自由支配。她也确实这么做。婆婆很有品位，对时尚潮流眼光独到。晚年，她成为了一个相当精明的生意人，做了许多明智的投资。与之相反，公公虽然很有商业智慧，却往往把握不好时机，要么在市场崩溃之前进行投资，又或者在市场最高点时买进。正如瑞強所说："他从来没有人们想象的那样富有，他担任公司董事长的那个年代，也不像后来那些首席执行官有数百万新元的年薪。"

在吉宝集团，公公非常注重以身作则。瑞強回忆说："20世纪80年代那会，我还在海外留学，假期回到新加坡的家里时，我发现车道上停着一辆崭新的白色奔驰200E，我意识到这是父亲新配的公司用车。我问他为什么不是更大的奔驰280S，连我都知道，280S更尊贵，更适合作为董事长的座驾。他只是说，200E已经很合适了。"那时，吉宝正处于艰难的重组时期。

瑞強继续说道："父亲对我来说一直有些神秘莫测。他很少提及自己的童年，而我母亲则会很热衷于回忆日占时期的岁月，那时她要做的每一件事，包括搬到柔佛州兴楼的一个安置点，都是一种冒险。"

"事实上，我对他的工作也知之甚少。小学时，当我必须填写父亲的职业时，我被告知写'公务人员'（civil servant）就行，于是我就一直以为他的工作类似当"仆人"（servant）。后来，当我可以写'常务秘书'时，我以为他终于升职成为全职秘书了！"

"我曾经很疑惑，为什么他从不谈论他的工作、他遇到的人或是他必须达成的协议。直到后来，当我们一起外出时，在机场或高尔夫俱乐部偶遇的人都会表露出对他的尊敬，我才意识到他似乎是很重要的人物。”

瑞财同样分享道：“我小时候经常听到‘公务员首长’这个词，但并不真正了解公务部门到底是什么。当我应征入伍服兵役时，在父亲的职业栏里写下了‘公务员首长’和‘常务秘书’，我才意识到这两个词的意义，因为当时在边上看我填表的军队总文书露出了难以置信的表情。”

虽然在与儿子们生活在一起时，公公并不是很健谈，但当三个小儿子瑞兴、瑞強和瑞财去海外求学时，情况却发生了变化。瑞強和瑞财分别在14岁和13岁时去新西兰上寄宿学校，大学毕业后才搬回家。他们离开几年后，年满21岁的瑞兴前往美国攻读大学学位。

公公经常给他们写长信，内容涉及家庭生活，有趣的是，还会写一些新加坡的时事。虽然三兄弟都没有保留公公给他们写的信，但在清理遗物时，他们发现了一些他们写给公公的信。这些信对公公来说一定意义非凡。

“上世纪80年代，我在新西兰学习时，他在写给我的一些信中说，新加坡正在经历严重的经济衰退，他不得不做出一些痛苦的决定。我并不知道他在公务员系统的工作内容是什么，也不知道那些艰难的决定是什么，但他提到了巨大的压力和紧迫感。现在回想起来，我认为对他来说，在那个位置上直面新加坡早期的艰难，并帮助新加坡发展成为一个现代化的城市，是他工作的最大动力。”瑞财分享道。

他补充说：“不能每天都见到父亲，意味着当我在假期见到他时，我更能感受到他是如何随着年龄的增长而日渐平和的。”

当他有了孙女之后，这一点就更加明显了。“瑞炎总是说，如果他顶撞父亲的话，他一定会惹上大麻烦。根据我的经验，当我顶撞父亲时，最多会被训斥一顿。但当他的孙女们这样做时，他会面带微笑，甚至一笑置之。”瑞强说。

我不记得我曾经顶撞过公公，我也还没有与十几岁的孩子打交道的经验。我简直无法想象，像公公和婆婆那样养育五个闹腾的男孩是什么滋味。

尽管如此，公公还是意识到他的五个儿子个性鲜明，甚至为他们选择了不同的学校——三个上英华学校，两个上天主教中学。最小的儿子和最大的儿子年龄相差11岁，因此他与每个儿子的互动都各有不同且微妙的差异，这也解释了为什么每个儿子的回忆和记忆都不尽相同。

尽管我的父亲和叔叔们的童年经历各不相同，但在公公那略微老派的育儿风格中其实是有一些共同点的。他希望他的儿子们在成长过程中学会感恩自己能够拥有良好的教育和舒适的家，明白这一切都并非理所当然，也不该因此带有任何优越感。最重要的是，通过聆听这些故事，我觉得他在努力向儿子们灌输独立和勤奋的价值观。

如今，他的五个孩子各自走上了极其不同的道路，但都依然始终脚踏实地。我毫不怀疑，公公准确地预料到他们有一天会面临自己的挑战，而无论这些挑战是什么，他都已竭尽全力让孩子们做好了准备。

沈基文式经济学

作者：沈玫

“父亲是一个非常现实和实际的人。他最喜欢吃如切路上小贩摊的福建炒面。我记得大概四五岁时，他经常带我一起去买。他会点一份不带鸡蛋的面，然后拿出两个从家里带来的鸡蛋，告诉小贩把它们加进去——这样就可以省下几分钱。”我的叔叔瑞春分享道。

事实上，如果你是在沈家长大的，你就会亲身体会到，要让公公解开他的钱袋子有多难。他必须确信，无论他买什么，都是最省钱的选择。如果有办法能多节省一点钱，他一定会找到。

“小学三四年级时，我想和朋友一样养鱼，就问父亲能不能给我买一个小鱼缸。他说这是一笔不必要的开支，于是决定给我做一个。他找来四块玻璃，把它们固定在家里的一块水泥地上。出乎意料的是，这方法竟然成功了！唯一的问题是，当我们搬家时，鱼缸被粘在了地板上，无法带走。”我的父亲瑞炎回忆说。

“后来，我上了中学，加入了少年军乐队，所有的小号手都拥有美国制造的林肯小号。我请求父亲给我买一支林肯小号，他答应了。我们去了一家商店，但这家店不卖林肯小号。”

“在那里，他挑选了一支上海制造、名为云雀的小号。平心而论，它的音质和林肯一样好，但价格至少便宜30%。就这样，我的小号在军乐队中格外显眼。因为别人的小号是纯铬的，而我的是半铬半铜。”瑞炎分享道。

在家里，没有人指望从公公那里得到奢侈的礼物。你越是要求某样东西，就越有可能永远得不到。这就是为什么当公公为婆婆买了一块镶满钻石的劳力士金表时，他的儿子们，甚至是婆婆本人，都感到非常震惊。

“和我们其他人一样，我的母亲也从来没有收到过生日礼物、圣诞礼物，甚至周年纪念礼物。但有一个周末，我和瑞财从学校回来后，父母带我们去乌节路的某个地方吃午饭。”我的另一位叔叔瑞强回忆道。

“午饭后，我们在幸运广场随意逛逛。我和妈妈自然而然地被那里众多的钟表店所吸引了。妈妈的欧米茄钢表坏了，所以她可能只是想买块新的。我们走进一家店，出于好奇，问了问劳力士的价格。售货员说服她试戴一只镶钻的劳力士金表，那块表简直太漂亮了。”

“就在这时，在店外焦虑徘徊地父亲走了进来。当他走到柜台前时，我们都沉默不语，以为他会说一些不中听的话，比如这是在浪费钱，他那块50新元的手表也一样好，但他没有。”

“或许他真的觉得劳力士金表很漂亮，或许是因为销售员很聪明，没有刻意营销，又或许是我父亲想到了他此前忘记的所有纪念日。不管怎样，当妈妈走出商店时，手腕上戴着一块新的劳力士表，她脸上的表情与其说是欣喜，不如说是不敢置信。”瑞强说道。

然而，当他的五个孙女出生后，情况就完全不同了。他变成了一个宠爱和溺爱孙女们的爷爷，他想给女孩们尽可能多的东西。

我的表妹宗琳说："他经常去中国旅行，带回一大纸箱的玩具。从玩具车到滑板车，再到荧光棒，应有尽有。有时，在出国之前，他会让我和妹妹曼琳在纸上勾出脚的轮廓，以确定我们的尺码，这样他就能给我们买鞋和拖鞋了。"

在公公送给我的所有礼物中，我印象最深的是他给我买的便携式CD播放机。1996年，我还在读中学一年级，便携式CD播放机是当时的颠覆性科技。我的朋友们要么已经有了一个，要么很想要一个，但是由于CD播放机非常昂贵，我不敢向父母要。于是，我很自然地就去问公公和婆婆，他们也非常乐意满足我的请求。

吃蔬菜的故事

作者：沈玫

八岁那年，我和公公、婆婆一起在莱佛士酒店度过了一个周末。他们应邀参加了1991年莱佛士酒店修复后的重新开业典礼。这是一个难忘的周末，不仅因为这是我第一次和祖父母一起外出过周末，还因为在莱佛士烧烤店发生的一件事。

我们在餐厅吃晚饭，我点了羊排作为主菜。羊排被放在软软的深绿色菠菜上。吃完羊排很容易，但我在菠菜面前犯了难。我一直希望服务员能来把盘子拿走，但他没有，菠菜继续放在那里，好像在静静地审判我。

公公看着我，语气严厉地说："你能把蔬菜吃完吗？"我嚼了又嚼，但怎么也咽不下去，我实在咽不下去。

那时，我做了一件完全不雅观的事——我偷偷地把菠菜全吐到了精美的亚麻餐巾纸上。很快，我的盘子就空了，而旁边的那张皱巴巴的餐巾却满满的。

我很确定公公注意到我在做什么了，尽管我尽力避免与任何人有目光接触。最后，服务员出现了，拿走了我的盘子和餐巾，并给我送上了一碗冰淇淋。

我从来没有因为这件事被责备过，因为我的祖父母可能不想在餐厅里引起不必要的注意，毁掉一个完美的周末。我还一直觉得，虽然他们对言行举止有非常严格的标准，比如在进入长辈家之前必须清楚且响亮地向长辈问好，但他们从不认为管教孙女是他们的职责。他们将这项不愉快的工作留给了我们的父母。

第七章

日落又日出

作者：刘诗平

艘即将沉没的船还能得救吗？既然沈基文已经被任命为为这艘船的掌舵人，那他就不会轻易放弃。1984年9月，按当时的正常退休年龄离开公务员系统后，55岁的沈基文立即开始了他的第二次职业生涯，担任吉宝船厂（后更名为吉宝集团）的全职执行主席（他在同年2月份就已被任命为候任主席）。这是那个时代的典型做法，即政府关联公司（GLC）通常会聘用退休的杰出公务员担任领导职务。

沈基文在吉宝掌舵16年，带领吉宝攀上了前所未有的高峰，让当初不看好的人哑口无言。1984年，海运业务已经被视为夕阳产业，但在他的领导下，吉宝很快就扭亏为盈。之后，他继续涉足工程、房地产、金融服务领域，并在世界其他地区开发造船厂，实现了吉宝集团的多元化发展。

李显龙总理在给沈基文夫人佘玉鳳的唁电中写道："沈基文先生证明了他不仅是一位称职的行政管理者，同时也是一位杰出的企业家。吉宝集团当时背负着近8.5亿新元的债务。更糟糕的是，经济很快也陷入严重衰退，但沈基文先生在两年内使吉宝扭亏为盈，实现了微薄利润。在接下来的十年里，他将吉宝从一家造船厂发展成为新加坡领先的企业集团之一。”

在商业领域，沈基文当然不是新手，他曾领导过新加坡国际贸易有限公司，随后又监督了樟宜机场的发展，并创立了丹那美拉乡村俱乐部。但鉴于他来自公共部门，退休前的最后一个职务是公务员首长兼公共服务部常务秘书，他在私营部门的成功就格外引人注目。

“尽管人们普遍认为政府官员不懂经营企业，但沈基文打破了这一传统。”1969年加入埃索新加坡公司，并于1992年至1999年担任董事长兼总经理的柯宗成（Kwa Chong Seng）说：“他依靠自己出色的智商和情商实现了自我身份的转变，证明了公务员可以跨界，在私营部门取得成功。”当然，这一路并非一帆风顺。沈基文在接受《亚洲华尔街日报》的采访中说：“我没想到会这么困难。”尽管如此，他还是做了他必须做的事情，而吉宝公司随后取得的成功也说明了这一点。

在风暴中掌舵

吉宝最初是新加坡港务局的船舶维修部门。1968年8月23日，随着政府决定将其转为独立企业，吉宝船厂正式注册成立。首任董事长是高级公务员韩瑞生，他也是后来的财政部长。韩瑞生与他的同事们怀揣着将新加坡打造成仅次于日本的亚洲最大船舶维修中心的伟大梦想，而吉宝正是实现这一愿景的核心。

事实证明，他们做到了。在随后的十年中，吉宝造船厂迎来巨大繁荣，赚取了足够的利润来实现多元化和区域化。1971年，吉宝收购了远东利文斯顿造船公司（FELS）40%的股份，并于1978年在马尼拉郊外的八打雁开设了吉宝菲律宾造船厂。在这十年间，吉宝船厂的经营状况空前良好，1981年的营业额更是达到了24亿新元。

然而，1982年的经济风暴使得船舶修理业遭受重创。尽管如此，吉宝还是在次年以4.08亿新元现金收购了联合海峡轮船公司（Straits Steamship）82%的股份，成为新加坡历史上最大一笔的企业收购案。此举导致公司背负了近8.45亿新元的债务，每年的利息负担高达7500万新元。

这就是沈基文在1984年接替前公务员乔治·埃德温·博加尔斯（George E. Bogaars）出任吉宝执行主席时所面临的困局。吉宝审计委员会主席詹道存（Cham Tao Soon）在沈基文上任之初，花了一整天时间面对面地向他介绍情况。

“沈基文对事态的发展并不感到惊讶，我相信他事先已经得到了相关消息。他还曾在财政部担任过常务秘书，对经济学了如指掌。所以当我和他讲解情况时，他迅速就明白了，我不需要花太多时间解释原因和过程。”詹道存说。

没有时间可以浪费，沈基文立即着手出售亏损和非战略性业务，包括提前终止“玛苏丽公主号”豪华邮轮的租赁业务，同时出售船舶并减轻利息负担。他还指示包括吉宝远东和海峡轮船在内的几家子公司进行区域化调整。在新加坡，船厂则进行了裁员，减员1500人，只余2300人。

另一项重大举措是对集团的不良船只重新估值。在将这些船只的账面价值减记，合计达1亿3千1百万新元后，吉宝在1984年税后亏损1亿7千3百万新元。1989年至1991年担任沈基文办公室经理，后来升任吉宝岸外与海事公司企业发展总监的赖清泉（Lai Ching Chuan）指出，这足以说明问题。“这显示了他非凡的勇气，长痛不如短痛，他宁愿在一年内一次性承担全部损失，也不愿在未来几年内处理持续不断的麻烦。"

在吉宝公司于1993年出版的《强者勇志》（*Tough Men Bold Visions*）一书中，沈基文分享道："当我刚上任时，我就告诉每个人，我保留与你的下属直接谈话的权利。这样一来，事情便能迅速得到解决。我给我的经理们最大限度的自主权和权力，我几天甚至几周都不需要他们来见我。我不会把他们拴在身边，不像其他那些不会下放权力的老板。我的理念很简单：这是你的工作，你来做。如果你做不到，我就收回。如果你做得好，我会给你更多。如果你遇到什么大难题，来找我。"

业界似乎对沈基文的做法很有信心。事实上，就在吉宝陷入困境的消息传出不久，现已倒闭的华联银行就收回了对公司的贷款。于1983年至2008年担任吉宝远东首席执行官的朱昭明（Choo Chiau Beng）透露道："沈基文不得不去找时任星展银行主席的侯永昌来接手贷款。侯先生在公务员系统工作时就非常了解沈基文，并坚信在他的领导下，吉宝不会失败。因此，星展银行成为了我们的主要银行。可想而知，我们与华联银行的关系再也没有得到修复。"

海峡轮船公司是造成吉宝财务状况糟糕的另一个主要因素。1984年担任该子公司董事总经理的林子安分享了沈基文事如何专注于向前看并扭亏为盈的。"我们把更多的时间花在了如何充分将目前的情况利益最大化，而不是思考之前是哪里出了问题，毕竟我们已经买下了联合轮船。再去后悔或讨论，都无济于事。"

据唐钟雄（Tong Chong Heong）称，沈基文时常调侃那时的严峻形势。"他常说，吉宝船厂具有传统的修船和造船思维，总是非常努力地工作，却很少做文案整理工作。与之相反，海峡轮船公司非常善于做报告，文书工作也很详尽，但赚的钱却很少，甚至根本不赚钱。”唐钟雄说。他于1970年加入吉宝，并在2011年升任高级执行董事。

为了确保海峡轮船的进一步整合，沈基文将其集团财务和人力资源总监等关键人员调往吉宝船厂工作。沈基文办公室经理高文俊（Vincent Ko）说：“这是他合并两家公司的重要一步。他要让高层管理人员能与他保持密切联系。”高先生曾在1991年至1993年担任沈基文办公室经理，后来升任吉宝电信与运输集团物流中国区首席执行官，并于2016年退休。

黄陆凤（Wang Look Fung）就是其中一位调动者。她当时是海峡轮船的公关部负责人。有一天，沈基文要求见她。她回忆说：“他让我在一张纸上写下我对收购的想法，包括面临的挑战，并在两天内回复他。”

“我想，除了写作技巧之外，他还想看看我这个人的品性，因为他一定听说过我曾在《新国家报》当过记者。我告诉自己，我必须把所有的东西都压缩在一张纸上，我一点也没有美化粉饰。递交后的第二天，他就让人力资源部给我打电话，让我带着整个团队过去。”

黄陆凤发现调动后面临的挑战之一就是如何整合两种截然不同的企业文化。“在海峡轮船公司，我们都穿着西装、衬衫、打着领带；而在吉宝集团，则都是穿着胶鞋的‘牛仔’。但沈基文成功了，因为他善于利用人们的长处。他从不看短处。如果你的长处比短处多，而且他看到你有可用之处，他就会用你。”

沈基文上任一年后，吉宝和另一家政府所有的造船厂三巴旺（Sembawang）聘请了美国麦肯锡管理咨询公司对新加坡的造船业进行分析。他们给出的建议是将两家船厂合并，以提高规模经济效益。

赖清泉说："沈基文决定不听从这个建议，我认为这需要很大的勇气。他认为，只要我们每个人都全力以赴，吉宝能够自给自足，并在行业低迷时生存下来。我认为这对我们来说是一个非常关键的决定，因为它为新加坡的离岸和海事产业后来成长为全球领导者铺平了道路。"

"他本可以走一条更轻松的路，但他意识到这不仅仅是股东的问题，还涉及到许多利益相关者，尤其是关系到普通人岌岌可危的生计。当时，有许多船厂员工就住在大门外。"

1986年，沈基文已将吉宝这艘船带出风暴。吉宝集团1985年的税前亏损为4990万新元，次年则实现了730万新元的盈利。1987年，税前利润增长了6倍多，达到4580万新元。

"它陷入了困境。我的职责就是把它从里面带出来，发挥领导作用。工人们士气低落，因为他们忧心我是否会解雇员工。最终，我确实缩小了公司的规模。在这一点上，我得到了政府的大力帮助。我们做到了。"沈基文在《强者勇志》中说道。

曾在1986年至1989年期间为沈基文服务的第一任办公室经理黄炎义（Wong Ngiam Jih）在2011年至2017年期间成为吉宝岸外与海事公司的首席财务官，他的看法一针见血："事实上，他能够在毫无经验和背景的情况下，使公司扭亏为盈，还很好地管理了员工，尤其是高层员工，以确保顺利接班。这是一个非常快、非常短的进步过程。"

由于吉宝旗下的子公司众多，沈基文意识到他需要创建一个高效的组织结构。苏庆赞（Tow Heng Tan）说："他非常敏锐，很早就理解了整合的概念。"苏庆赞是资产管理公司施罗德新加坡的一名投资银行家，当时正在为这家企业集团提供支持。“吉宝只有一张资产负债表和一张损益表。他确保每家现有公司都能以股东身份参与到新的上市企业中。”

晴空万里

当亚洲商业银行公司于1990年被收购并更名为吉宝银行时，沈基文让吉宝远东、海峡轮船和所有其他子公司成为该公司的股东。这样一来，所有首席执行官都必须作为董事加入银行的董事会。苏庆赞说：“这是为了确保他们不会因为这不是他们的公司，就不关心它日后的发展。”

沈基文还设计了一个方案，由1986年成立的控股公司吉宝企业（Keppel Corporation）决定高级管理层的薪酬。苏庆赞补充说：“通过这种方式，他实现了协同共进，而不是各自为政，这真的非常了不起。”

在吉宝船厂和后来的吉宝湾大厦的办公室里，沈基文不仅延续他在樟宜机场实地考察的工作方式，还会派办公室经理跟随他一起来管理业务，先是黄炎义，然后是赖清泉，再到高文俊。他们的另一项重要工作是在各部门总经理都要参加的每周管理会议上做会议记录，并在会后进行跟进。

“他是一个相当独立的老板，很多事情都亲力亲为。”黄先生继续说：“和某些老板一起工作时，你必须先向他们的秘书询问老板们当天的‘天气预报’，才能决定要不要在当天去见他们；但面对沈基文，从来不需要这样做。我从没见过他发脾气或提高嗓门。”

与任何大型组织一样，竞争和政治斗争是常态，黄炎义分享说，尽管沈基文必须管理“许多个性鲜明的人”，但他处理得非常好。他做到这一点的方法之一，就是确保与所有相关人员交流，以全面了解情况。“有几次，沈基文会否决总经理的决定，而支持其下属的意见。他不是只听取直接下属意见的人。”

鉴于沈基文的地位和声誉，黄炎义说没有人敢与他作对。“他说什么，大家就接受什么。沈基文了解企业的动态，也了解部门总经理都非常能干。他只需要处理好出现的冲突，并在集团层面上做出决策。”

在一次每周例会上，沈基文提出了船厂秩序混乱的问题。“他只是对部门总经理说：‘我不明白你的钱从哪里来的。’对方立刻接收到了信号，马上去解决这些问题。”高文俊回忆说。“沈基文并没有评论有多脏、多乱，也没有质疑他们为什么不做内务整理。这说明他是一个能够激励团队成员的好领导。”

在这些措施和结构都步入正轨后，沈基文准备将注意力转向吉宝的全球化，他知道必须这样做才能生存和发展。“按照他的说法，他做的第一件事就是对石油钻井平台业务进行战略审计，找出海上油田的位置，以便在那里建立业务点。”苏庆赞继续说：“他决定采取靠近客户的业务策略，将船厂设在客户所在的地方。”

苏庆赞表示，沈基文的一个优势是吉宝集团内有支持他的人才。造船厂有蔡初德（Chua Chor Teck）和卢荣寿（Loh Wing Siew），离岸业务有朱昭明，海峡轮船有林子安，以及集团财务总监张顺和。他们的影响力和能力使吉宝更容易从每个部门中组建实体。十年间，沈基文成立了六家以上的公司，这些公司后来都上市了，其中包括轮船海事、吉宝金融和吉宝综合工程。

其中，吉宝远东是吉宝版图中最耀眼的明星之一。1983年，吉宝远东的营业额占吉宝海洋工程和造船部门营业额的91%，几乎贡献了该部门的全部利润。这使它在银行中拥有大量资金，当沈基文加入吉宝时，吉宝远东因为拥有比其市场价值更多的现金而处于独特地位。

朱昭明说，这使得沈基文相信吉宝远东的人知道自己在做什么。“他允许吉宝远东利用自有现金与客户开展合资项目，以发展公司的未来。”其中一个例子是，1985年，吉宝远东与美国钻井平台设计公司弗里德与戈德曼（Friede & Goldman）和法国钻井承包商福拉梅尔（Foramer）成立合资企业，在没有确定买家的情况下，合作开发并建造了一个恶劣环境下运作的自升式钻井平台。

“我征求了沈基文的同意，他说我们可以继续，条件是我们使用自己的现金，而不是借钱。那个项目当时受到了很多批评，人们说我们是‘投机性建造’。话虽如此，但我们确实是在开发一种新产品，我们希望它是世界上最好的。”朱昭明解释说。

吉宝远东投资了4000万美元，这在当时是一笔巨款，而在第二年（即1986年），它更是成为了世界上仅存的一家钻井平台制造商。

然而，该赌注得到了回报。当哥伦布探索者号（后更名为君主号）接近完工时，科威特支持的钻井运营商圣达菲国际公司（Santa Fe International Corporation）购买了它。由于该钻井平台能够在水深达107米、环境恶劣的北海作业，它使吉宝远东在行业中声名鹊起。

“沈基文很少干涉我们，并没有进行细致管理，因为我们向他展示了我们可以赚钱。我们建立了一种信任关系，他愿意让我们放手一搏。”朱昭明继续道：“后来，当吉宝远东遇到一个非常棘手的客户时，这种信任经受住了考验。”

20世纪90年代，丹麦AP穆勒（AP Moller）集团委托吉宝远东为挪威市场建造两座世界上最大的自升式钻井平台。由于合同的结构方式和时间安排，AP穆勒决定取消第一份订单，导致吉宝远东不仅需要找到新的买家，还需要根据退款保证条款向他们支付赔款。朱昭明回忆说：“我不得不向沈基文汇报情况，他说没关系，继续坚持下去。”

吉宝远东动用其业务网络，同意与挪威的一家自升式钻井平台承包商合作，双方各占一半股份，如果条件发生变化，承包商可以选择分享收益，或者从吉宝远东手中购买钻井平台。最终，该承包商在不亏本的情况下买下了吉宝远东50%的股份。后来，AP穆勒集团甚至再次找到吉宝远东订购钻井平台。“最终，我们成功化险为夷。我们之所以能做到这一点，是因为我们拥有雄厚的资金实力。也是因为我们得到了沈基文的支持，他信任我们。而一旦获得了他的信任，只要不辜负他的期望，这种信任就会增长。”朱昭明说道。

沈基文还在世界其他地区发生的一起独立事件中展示了他在人际沟通和人脉上的优势。1986年，吉宝远东受托为越南市场建造第一座自升式钻井平台。而越南于1978年入侵了邻国柬埔寨，并占领了该国长达11年。新加坡与东南亚国家联盟的其他成员一样，坚决反对这次入侵。

“当时越南遭到抵制，我们不被允许帮助他们。”唐钟雄继续说：“然而，他们下了一个自升式钻井平台的订单，我被派去签署价值超过1亿美元的合同。对我们来说，这就是做生意。但我记得我在《海峡时报》上读到一篇文章，批评澳大利亚向越南提供了价值2000万美元的援助。你能想象，如果媒体发现了我们的合同价值是那笔援助的5倍以上，会发生什么吗？”

沈基文很快得知了这一消息，并利用他在公务员系统的关系，寻求新加坡政府的帮助，以便在吉宝准备宣布合同时为其铺平道路。

唐钟雄解释说："丹那巴南当时是外交部长，他站出来说，我们不反对与越南的贸易，我们只是反对战争援助。沈基文知道，如果政府拒绝这个项目，我们就会彻底失去越南市场。作为我们的董事长，他使我们能够在不引起轩然大波的情况下开展业务。我认为这就是他的独特能力。"

在管理吉宝的过程中，沈基文在必要时也会毫不犹豫地采取强硬态度。唐钟雄记得有一次他就在沈基文那里"吃了排头"。在吉宝远东建造了第一座自升式钻井平台后，唐钟雄认为其维修和保养工作应由同一部门完成，"我认为这是毋庸置疑的，但吉宝船厂却与我们争执不下。我态度强硬，坚决认为吉宝应该退出。"

事情发展到这一步，沈基文不得不介入。"他说我太过于强势专横，但他说的方式让我并不反感。我把他的话当作父亲般的忠告。"唐钟雄回忆道。最终，吉宝远东拿到了这个业务，但必须支付吉宝船厂在竞标时产生的费用。"他当着其他人的面把我训了一顿，原因很简单，他希望我们所有人都能接受他做出的决定。我对此接受良好，没有任何不满或恶意。"唐钟雄说。

即使在他即将从企业界退休之际，沈基文仍在发挥着他的影响力。1999年，朱昭明向他提出吉宝远东收购星展银行拥有的新加坡石油公司（SPC）股份的建议。丹那巴南时任该银行董事长，经过谈判，双方同意了这笔交易。由于吉宝十分渴望这笔交易，因此最终它成为了新加坡石油公司的主要股东，而朱昭明也成为了新加坡石油公司的董事长，这非常适合他。"通过新加坡石油公司，我了解了我客户的客户，这对我们来说非常具有协同效应。"

因此，他永远感激沈基文愿意探索扩大公司业务范围的决心。“我非常喜欢与他共事，因为他允许我突破传统的业务边界和经营方式。对他来说，这叫‘多咬几口苹果’。如果我们愿意主动尝试，他很乐意让我们尝试不同的东西。”

朱昭明借鉴了沈基文的经验，决定自己检查吉宝远东船厂的卫生间。“当然，造船厂的环境截然不同。但通过巡视并确保卫生间清洁，确实有助于提高员工士气”。

多元化的银行业务

在沈基文管理吉宝远东的同时，他也没有忽视吉宝的其他子公司。他支持张顺和加强金融服务部门。这些努力包括在1988年接管森林金融（Sim Lim Finance），并将其与自己持有的神龙（Shin Loong）合并，成立吉宝金融公司。同年，吉宝收购了一家股票经纪公司E.G.陈（E. G. Tan and Co），并将其更名为吉宝证券。张顺和于1983年帮助吉宝收购的马来亚汽车和通用承保人公司则被命名为吉宝保险公司。

而1990年发生的事情彻底巩固了吉宝在金融界的地位。苏庆赞记得他当时被告知，吉宝将收购亚洲商业银行（Asia Commercial Bank Corporation）。“世界上任何地方都不允许一个工业集团或控股公司拥有银行，因为他们会吸收存款，然后再贷给自己。比莱（J. Y. Pillay）当时是新加坡金融管理局（MAS）的常务董事，老一辈的公务员从不轻易妥协。”他回忆道。

然而，收购还是获得了批准。原来是新加坡金管局时任主席吴庆瑞为他们开了绿灯。他和沈基文是交情深厚，而且有未经证实的传言说，当初是吴庆瑞要求沈基文担任吉宝的执行主席。苏庆赞补充说：“此外，沈基文备受信赖，又能力出众，同时还非常熟悉资本市场。”吴庆瑞知道，沈基文自己不会滥用资金，只会用来为吉宝提供贷款。

吉宝银行因此进一步发展壮大，并于8年后的1998年与达利银行（Tat Lee Bank）合并，成为新加坡第五大银行。据黄陆凤所说，张顺和对沈基文为这笔交易付出过高的代价感到不满。“当我把这件事告诉他时——因为他喜欢听别人对他所做事情的反应——他说：‘陆凤你看，如果不是我在谈判桌上多放了几美分，这笔交易就不会达成。那样的话，你觉得我们还能发展吉宝银行吗？’”

而对于海峡轮船公司，沈基文支持林子安的重组计划，该计划历时五年才完成。其中一些主要成果是成立了海峡轮船置地公司（SSL），该公司于1997年成为吉宝置地（Keppel Land），负责房地产开发。与此同时，还成立了负责航运、物流和电信业务的海峡海事控股公司。

高文俊则回忆起沈基文参与了位于吉宝湾大厦的吉宝企业总部附近的土地规划。在两座大厦建成时，整个地块属于新加坡港务局（PSA）和吉宝企业。1968年的某一天，政府将这块土地分出了一小块，然后成立了一家商业公司来经营位于吉宝码头的港务局造船厂。由于采用了这种方式，这些地块既不规则又效率低下。

“沈基文打电话给港务局主席，要求坐下来讨论如何缓解这种情况。”高文俊说：“因为海滨站的缆车塔大楼不属于任何一个组织，使得整件事变得更加复杂。但在他的努力下，我们得以开发吉宝湾大厦，如今它可以整齐地坐落在海滨大道边的一角。”

沈基文的另一个贡献是说服当局不要在海滨湾开发新加坡的邮轮中心。为了保留吉宝岛，吉宝将其丹戎巴葛造船厂让给了港务局。吉宝计划通过将该岛与大陆连接来开发该岛，但在得知该岛附近打算开发旅游基础设施后，被迫停止了这一进程。

“我们坚决反对这么做。这个区域实在太小了，根本无法建立邮轮中心。沈基文利用他的人脉，与许多第一代领导人就这一问题进行了辩论，并表示我们必须从长远来考虑。这就是今天新邮轮码头落户滨海湾的原因。”高文俊说道。

事实上，围绕吉宝前造船厂周围的整个区域现在已经变成了高档住宅生活社区——吉宝湾，其地理位置和景观使得它价值不菲。“我记得1996年我们将所有船厂业务迁往大士时，沈基文批准我们向政府支付近10亿美元的土地溢价，用于建造吉宝港。”赖清泉说。

“直到今天，我们还没有完全开发它。但他知道他必须尽早做出承诺，而当他做出决定时，他努力使之成为一个正确的决定。坚持不懈是非常重要的，这是我从沈基文身上学到的。现在，我们每次在该地区售出一个楼盘，都会给我们带来可观的经济收益。”

赖清泉认为，正是这种理念促使沈基文在20世纪80年代末和90年代初引导吉宝进入越南和缅甸的尚未开发区域进行房地产开发。沈基文对《经济学人》记者说：“我们错过了泰国，因为我们当时在整顿自己的内部事务。我们不希望同样的事情发生在越南。”沈基文在河内和胡志明市开发的房地产项目，为吉宝海事部门成立合资企业铺平了道路。该企业在西贡河沿岸占地四公顷，主营船舶维修服务。

吉宝置业是首批在仰光建造并开设酒店的外国投资者之一，这家酒店名为塞多纳（Sedona）。当缅甸经济未能按预期起飞时，公司选择无限期关闭酒店，而不是将其作为一项不良资产注销。2011年，当缅甸开始重新开放时，吉宝置业打开了酒店大门就地开始重新营业。后来它甚至还开发了第二座酒店大楼。

赖清泉回忆说："生意就是这样，有起有落。我从沈基文身上学到，你必须做出决定，要非常清楚为什么要做出这个决定，并努力使决定正确。但你也需要知道什么时候该放弃。"

赖清泉坦诚地分享了他在吉宝综合工程（KIE）部门工作时面临的类似情况——可能当时有点小题大做了。当时，吉宝综合工程是新加坡中央医院（SGH）的第一家维护承包商，当三年期合同结束时，吉宝综合工程以最低报价递交了一份标书。

通常的做法是将合同授予报价最低的投标人，但这次吉宝综合工程没有中标。他回忆说："我当时面临着必须因此裁减250名外国工人的前景，对此我感到非常沮丧。"

"我给新加坡中央医院写了几封言辞激烈的信，然后有一天，沈基文亲自给我打电话谈这件事。他建议我知难而退。有时，我可能会认为自己是对的那一方，但如果事情已经脱离掌控，那就应该放弃。撞南墙是没有意义的。他一定从哪里听说了这个头脑发热的年轻人写信宣泄愤怒的事。"

与此无关的一件事是，当时担任吉宝综合工程执行董事的赖清泉应沈基文之邀，与业内资深人士黄先生（B. K. Wong）共进午餐，以评估后者是否适合担任该部门的执行主席。"这让我觉得非常有趣，因为你很少有机会去面试你未来的老板。我认为沈基文的关注点在于确保大家能够作为一个团队一起工作。"赖清泉透露。最终，黄先生被任命为执行主席。

沈基文还带领吉宝在中国进行了两项与房地产相关的

重大投资。第一项是在云南昆明开发的春城湖畔高尔夫度假村；第二个是苏州工业园项目。高文俊亲自参与了第一项投资，因为谈判始于1992年，当时他是沈基文的办公室经理。“沈基文决定让我加入谈判团队，从省政府手中收购这块5平方公里的土地。后来大家开玩笑说，这是董事长的项目。”谈到昆明投资时高先生说道。

谈判当时已经进行了几个月，就在1992年圣诞节前几天，由于合同中有六项条款无法达成共识，谈判陷入僵局。其中一项是土地使用期限，一般规定为20至30年，但吉宝公司要求延长到50年。团队为继续留下来还是飞回新加坡而犹豫不定。在与沈基文协商后，高文俊被告知与公关团队的一名经理一起留下继续谈判。

“这六个问题只能直接与省长解决，因此，在圣诞节前夕，我们俩单独与省长见了面。他立即安排了第二天的工作会议，所有问题都被妥善解决。三天后的12月28日，双方签署了谅解备忘录。”高文俊回忆道。

“如果没有沈基文，我们不可能获得这个项目，因为许多省级官员都反对这个项目。但他看到了这一地块成为世界级开发项目的潜力，而且他热爱高尔夫。他的观点是长远的，他认为我们未来可以从房地产开发中赚钱，在他的指导下，我们最终达成了这项交易。”

1993年至2000年期间，沈基文还是中新苏州工业园区开发项目的首任主席。这是两国间首个政府间项目，吉宝，特别是海峡轮船置地公司，领导了由新加坡公司组成的财团。

时任海峡轮船置地公司董事长的林子安分享道：“苏州同乡会是由当时的国务资政李光耀策划的，他认为这将是两国政界人士每年会面交流的一个很好的理由。在此过程中，大家可以相互了解，从而促进中新两国的关系。事实也正是如此，尽管两国的总理和主席都已换过几轮，但双方仍然保持着不同人士间的会面。”

1995年，在与苏州所在的江苏省高层官员的一次会议上，李光耀建议他们“招募最优秀的人”来管理该项目，使其保持领先地位。他举例说自己是如何做到这一点的，就是让沈基文来负责。“没有他，我们会面临更多困难。”李光耀说。

林子安对此表示赞同，并补充说，沈基文的贡献在于他对项目的出色监督。“有1001个细节需要处理，每个人都有自己的职责。毕竟当时项目占地70平方公里，相当于是一个大城镇了。”

苏州工业园的成功和吉宝在大型开发项目中的能力，促成第二个政府间项目——中新天津生态城很快启动，于2008年破土动工。

可以想象，这些房地产项目已经足以让他忙得不可开交，但沈基文的职业范围却在不断扩大。事实上，沈基文在电信公司第一通（M1）的组建过程中发挥了重要作用。

第一通电信成立于1994年，由名为MobileOne的财团创建。该财团由吉宝、新加坡报业控股（SPH）、大东通信（Cable & Wireless）和香港电讯（Hong Kong Telecom）组成。沈基文从1995年至1999年担任MobileOne的主席。当时，唯一的运营商是新加坡电信（SingTel）。时任吉宝企业高级执行董事的林子安说：“政府希望打破垄断，开放市场。”

詹道存指出：“我鼓励沈基文创办电信公司，因为我看到这将是未来的产业。”

“在一次交谈中，他告诉我，有人找他做‘国家服务’，帮助开放电信行业。”辜丽华（Karen Kooi）说。

她从1995年到2018年一直在M1工作，先是担任首席财务官，后来担任首席执行官。“他被推动着让吉宝组建了一个财团，提交了一份电信牌照竞标书。”

所以，当沈基文以其一贯大胆的风格，支持财团提出了一个因技术更先进而具有明显的差异化优势的投标也就不足为奇了。“大家都在竞争GSM（全球移动通信系统）技术的时候，我们提出了CDMA（码分多址）技术，它被认为是一种更好的技术，因为语音通话会更清晰和数据传输也更好。”郭女士透露道。

1994年至1998年担任M1首席运营官的刘振南（Low Chin Nam）强调说：“这是我们提出的战略建议之一，我们必须将其归功于领导层。”

M1中标后，沈基文又向团队提出了新的挑战。刘振南说：“从我的角度来看，他对M1最大的贡献是向管理层和我下达指示：‘我希望从第一天起就拥有新加坡最好的移动电话网络。请不惜一切代价做到这一点，因为客户是非常苛刻的’。”

这句话所代表的原则都是他在樟宜机场和丹那美拉乡村俱乐部工作期间总结出来的。例如，重视客户服务。客服电话必须在响铃五声之内接通。网络覆盖也达到了很高的标准，街道上的覆盖率为95%，建筑物内的覆盖率为80%。多达五辆面包车在全国巡游寻找信号盲区。

在商业计划中，市场渗透率被设定为25%，这意味着四分之一的新加坡人将拥有一部移动电话。刘振南说：“沈基文告诉我，他不希望一天到晚有人给他打电话，但这种全天候工作模式的转变是必然趋势，我想他最终也习惯了这种情况。”

在运营的第一年年底，M1的市场份额达到了30%，尽管资本支出总额约为10亿美元，但仍实现了收支平衡。

原本M1预计在三年内签约会10万客户，但实际上他们在10个月内就实现了这一目标。M1最初的成功也可能归功于消费者对除新加坡电信（Singtel）外的其他选择的渴望。

刘振南谈到沈基文在M1任职时说："他非常放手，但我们知道他想要什么，我们也尽可能地实现他的要求。"

唯一沈基文亲自参与的就是为新电信公司取名。辜丽华还记得，他看了候选名单，挑了一个，然后问团队："你们指望那些叔叔阿姨们怎么念Clarity？用大家都能说出来的简单名字，比如M1。"名字就这样被确定下来。辜丽华补充说："这个名字跨越了所有障碍，便于记忆和品牌推广，所以我们就用了它。"

作为创始团队的一员，辜丽华亲眼目睹了沈基文的行事风格。"与他共事，我感到非常愉快。他制定了非常明确的方向和高标准。但同时，他也很通情达理。他会倾听和理解。即使在早期我们的网络出现了磨合问题，他也只是告诉我们尽力解决。在关键重要的问题上，他全力支持我们。虽然这么说可能有点冒犯别人，但我认为他是我们最好的董事长。"

吉宝多元化的广度是经过深思熟虑的，旨在确保每个部门的业务周期不会重合，以确保健康的资产负债表。"沈基文希望吉宝成为最好的企业集团，因此他在退休前安排我们访问了韩国三星企业。"朱昭明说道："我们的业务做得还不错，但他希望我们做得更好。"

韩国之行包括实地考察三星的各个不同部门，以了解他们是如何取得如此成功的。朱昭明说，这也帮助团队认识到了他们的局限性。"举例来说，韩国人胆子很大，愿意下大赌注。但这不符合我们的心态，所以我们专注于多元化。沈基文从一开始就明白这一点。”

据黄陆凤称，收集信息是沈基文的重要秘密武器。她就无数次亲眼目睹了这一点。例如，当他同意接受媒体采访时。“他会想知道记者是谁，特别是他们报道的动机。他会把所有事情都打听清楚。而且很多时候，最终会变成他在主导采访。人们在不知不觉告诉了他一些事情，却不知道这些事情正在填满他的数据库。”黄陆凤详细解释道。

与此同时，沈基文还是一位沟通大师，他的沟通方式之一就是美食。“他把吉宝带到了全球，每到一个国家或城市，他都会告诉负责接待的吉宝员工带他去当地人常去的地方用餐。如果这个人不知道，那他就惨了。”黄陆凤笑着说。

有一次，他在德国慕尼黑与一群德国人一起用餐。用餐中途，他要了一杯慕尼黑本地酿造的狮牌啤酒（Löwenbräu）啤酒。黄陆凤回忆说：“当他提出这个要求时，桌子对面的德国人立刻爆发出一阵赞赏的欢呼声。我不确定他是否真的喜欢啤酒，但他知道该点这种啤酒。”

2000年，吉宝发展良好，沈基文决定辞去执行主席一职。在此之前，他先向当时的总理吴作栋探了口风。“他一定觉得这样做是正确的。他认为自己应该让位给年轻人，并准备让林子安接任。”吴作栋说。

吴作栋同意了他的调动，并建议沈基文留任高级顾问，以帮助吉宝完成过渡，沈基文同意了。“他没有退休的压力。他本可以在吉宝再干几年。”吴作栋说。

三年后的2003年，沈基文彻底退出吉宝。吴作栋认为，沈基文不希望干扰林子安的领导力。“培养接班人并适时让位是一个无私领导者的标志。”

苏庆赞认为，沈基文在吉宝的16年中，他为资本市场上创造了巨大的价值，同时也推动了吉宝利润的增长。“他决定不退出夕阳产业，使航运业的发展得以延续40年，直到今天。它赚取了多少亿新元？它保留了多少工作岗位，积累了多少技术和管理技能？我想这是一个很大的数字。”苏庆赞总结道。

总的来说，他认为吉宝在海外的成功提升了新加坡的国际地位。“在沈基文在任时期，它被定位为国家的代表；如果你想在新加坡投资，你就投资吉宝。它反映了新加坡的经济。”

个人感言

虽然他在经营企业方面颇具战略眼光、胆识过人又精明干练，但所有接受本章采访、喜欢自称为吉宝人的受访者都将永远记住他的点点滴滴。无论是他的名言警句，还是他给他们的建议，甚至是一句鼓励的话，他们都会像珍宝一样珍藏起来，深情地讲述，并不时发出怀念的笑声。

据朱昭明透露，“杀鸡儆猴”是沈基文最喜欢的一句口头禅。他说：“这句话的意思是，通过惩罚他人的方式来警告其他人。”他举例说，当他们发现吉宝远东采购部门的做法有问题后，便解雇了经理来向其他人表明他们坚决的态度。“有时，为了在整个组织中取得正确的效果，你必须冷酷无情。”

高文俊也提供了一个沈基文原创的口头禅：不要只围着鸡跑。“他想告诉我们，吉宝不是一个只关心抓鸡和喂鸡的养鸡场。我们是来做大事的。眼光放长远，多思考那些可持续发展的项目，在实现更大的愿景同时还能赚更多的钱。”

沈基文还将自己对高尔夫球的热爱作为一种管理手

段，让下属有机会与政府高层接触。他曾多次邀请唐钟雄与他和他的朋友们一起在丹那美拉乡村俱乐部打球。“这些朋友包括前部长胡赐道（Richard Hu）和杨林丰。如果靠我自己，我永远不会有机会与这些大人物一起打球。他能给我们这样的机会，我感到非常荣幸，这是很大的荣耀。这让我终生难忘。”唐钟雄回忆道。

赖清泉评论道：“沈基文有一种不可思议的能力，能让你心甘情愿为他努力工作。我认为这是因为他看你和跟你说话的方式。他可以很严厉，当然也很严肃，但他从不大吼大叫。他在表达自己的期望时不会说得很大声，也从不居高临下。因此，你和他相处时感觉很舒服，真的会全力以赴，尽力不让他失望。”

对他们中的一些人来说，与沈基文的交流可能不局限于工作而是更贴近个人，也对他们的人生产生了深远的影响。唐钟雄就是其中之一。那时他刚刚晋升为吉宝船厂的执行董事，由于与一名高级管理层成员发生冲突，被推荐到国外任职。

“我已经在吉宝工作了22年，当时非常沮丧，甚至考虑辞职。我与沈基文聊了一次，他让我去澳大利亚先待几个月。我当时没把这话当真，因为那时吉宝借调员工到海外工作通常是几年。但我还是去了。”唐钟雄说。

他不知道的是，在随后的几个月里，沈基文说动了这位高级管理团队成员让唐钟雄回到新加坡，支持当地的一个项目。最后，该团队成员亲自前往澳洲的布里斯班找到唐钟雄，说服他回国。

“他对我说，‘如果你不愿意回去，我怎么向沈基文交代？’我觉得这一场变动安排地非常绝妙。沈基文是如此圆滑。我完全可以理解为什么即使他已经从公务员系统退休，但只要他给任何公务员打电话，他们都会不遗余力地帮助他。”

另一个因为沈基文而改变了命运的人是高文俊，他对沈基文给他机会担任办公室经理一直感激在心。在面试这个职位时，当被问及是否有任何问题时，高文俊决定对沈基文坦诚相告。“我强调了自己的中文教育背景，并直言在会见贵宾和外国人时，我可能不是一个好的代表。”

就在几年前，当李光耀还是总理时，他曾评价接受中文教育出身的王鼎昌部长不适合担任总理，因为他无法很好地向西方人表达自己的观点。

“我告诉沈基文我也有同感。他笑了起来，谈到他曾与王部长在通讯部共事多年。他说：‘你为什么要担心？你觉得王部长很差劲吗？’”

高先生以为自己搞砸了这次面试，沮丧地离开了办公室。没想到两天后，他被通知收拾东西，到沈基文办公室报到，开始新的工作。“这件事极大地鼓舞了我。我更加努力工作，尽可能多地学习。幸运的是，从那以后，我在吉宝的企业阶梯上逐年攀升。”

后来，当高文俊与沈基文一起前往中国参加春城项目时，他的语言能力派上了用场。一位来自海峡轮船置地公司的同事被委派担任沈基文的翻译，因为他不太会说普通话，也听不懂。“15分钟后，他对那位同事说：‘我觉得我的普通话比你好’。然后他转向我，让我接替翻译工作。”高先生回忆道并补充说，这件事向他证明，人应该始终为任何可能到来的事情做好准备。

对黄陆凤来说，深深打动她的是沈基文的那些细微举动，如在寒冬的东京出差时帮她穿上大衣，以及在她甲状腺癌康复期间去医院探望她。“我认为他是一位真正的老派绅士。现在已经没有这样的人了。吉宝更多的是一种牛仔文化，他们不怎么瞧得上女性。”

她最喜欢的是1987年他们在马尼拉机场发生的一件趣事。那时他们一行人为吉宝菲律宾造船厂在马尼拉证券交易所上市飞往马尼拉。因为行程只有两天，所以除了黄陆凤，其他人都只有一件随身行李，而她需要托运自己的行李，因为有礼物和营销材料要带过去。所以，不像其他人可以直接离开机场，她需要在行李领取处等待行李箱。

“我让沈基文和其他人先走，因为显然我不会和他们坐同一辆车，但他说不行，他要和我一起等。于是，所有的领导们都不得不留下来。更让他们没想到的是，当我准备拿行李时，沈基文快步上前帮我把箱子从转盘上拿了下来。所有的人都惊呆了。这确实给那些‘牛仔们’上了一堂无声的课。”她笑道。

虽然沈基文自2003年以后不再参与吉宝的经营，但他与许多曾同他密切合作的吉宝人保持着联系。在他最后一次入院的前几天，他还与黄陆凤、朱昭明和张顺和共进晚餐。对黄陆凤来说，与沈基文的这次会面是他为人处世的一个缩影。

当时，他们在沈基文最喜欢的百胜路（Bras Basah）福禄记餐厅（Rendezvous Restaurant Hock Lock Kee）吃午饭，服务员不小心将一盘菜洒在了黄陆凤身上，彻底弄脏了她的衣服，餐厅表示愿意支付她洗衣费。几天后，沈基文打电话给她，询问餐厅是否履行了承诺。“我说，‘沈先生，你不必为这些小事费心，即使他们不付钱也没关系。’他却说我必须确保他们支付了，如果没有，就告诉他。当然，最后也没让他操心。”黄陆凤说着，声音有些哽咽。

但那顿午餐沈基文给她留下的最后印象将永远铭刻在脑海中。当天因为他还要去医院，所以提前离开了。“我永远记得他从我们身边走过离开餐厅的样子。当时他身体已经很不舒服了，但走路时腰板依然挺得笔直。”她回忆道。“我转过身对昭明说，从外表看，你根本看不出他病了。他非常优雅，非常庄重，这个形象一直刻在我心里。”

毫无芥蒂

作者: 沈玫

虽然吉宝再也没有成为华联银行（OUB）的客户，但公公请我的父亲瑞炎安排与该银行的几位高级管理人员共进午餐，以表明他本人对该银行并无芥蒂。他们是总裁霍兆华（Fock Siew Wah）、副总裁佘林发和执行副总裁兼企业银行业务主管黄儒耀（Wee Joo Yeow）。

再加上当时的吉宝财务执行董事张顺和一起，六人在吉宝旗下的海洋大厦私人顶楼餐厅，享受了一顿悠长和愉快的午餐。海南厨师为他们准备了美味的本地菜肴。

瑞炎还回忆说，华联银行创始人兼主席连瀛洲（Lien Ying Chow）和他的妻子玛格丽特（Margaret）出去旅行时，经常会给公公寄去一盒他们所到之处的巧克力。

一天傍晚，公公和瑞炎在文华大酒店的Top of the M餐厅用餐（该酒店隶属海外联合企业，而连瀛洲是该企业的董事长）时，连瀛洲看到后走了过来。两位长者立即用连瀛洲的潮州方言聊了起来。虽然公公是福建人，但潮州话说得也很流利。聊天中，连瀛洲祝贺公公将吉宝发展成为拥有多家上市公司的企业集团，还担任了许多公司的董事长。

我相信，用潮州话聊天是公公珍视他们之间交情的一种表现方式，这种关系不掺杂商业日的。

第八章

最后的乐章

作者：刘诗平

随着新千年的到来，71岁的沈基文决定是时候卸任他所有的管理职务（包括民航局、吉宝集团和第一通电信），好好享受退休后的闲暇生活，多去旅游和打高尔夫球。

然而，沈基文曾工作过的许多机构为了挽留他这样一位经验丰富又能力出众的人才，都为他设立了新的顾问职位。与此同时，不少新机遇也陆续找上门，其中就包括淡马锡控股公司和林增集团。他甚至还荣升为新加坡总统顾问理事会主席（任期为2004年至2005年）。他自1997年起就一直是该理事会的成员。

有了更多的空暇时间，沈基文决定多陪伴孙辈。他的两个儿子，瑞炎和瑞兴，为他添了五个孙女，而他也渴望能更多地了解这些迅速长大的小姑娘们。他全心全意地为新加坡服务，留给家人的时间自然不多，因此他决心弥补失去的时光。

尽管如此，彻底退休对沈基文来说仍然是不可能的。你很难想象沈基文晚年时会在花园里种种花草或下棋，毕竟他这一生，作为公务员为国效力，又成功领导多家与政府有关联、资产数百万新元的公司。在本章中，我们将讲述他在生命里的最后七年，如何继续在新加坡和印度尼西亚谱写辉煌乐章。

淡马锡控股公司的导师型领导

2000年1月1日，沈基文成为淡马锡控股公司的董事，他既是淡马锡控股公司董事会成员，也是领袖培育与薪酬委员会成员。当时，这家投资控股公司正在进行变革，计划将其投资组合从新加坡扩展到亚洲。1997年亚洲金融危机之后，区域经济体借助新的发展机遇迎来了快速增长，而金融服务行业更是助推经济复苏的最大功臣。

为了在这一重要战略节点为公司提供正确的引导，淡马锡计划从商界和银行界寻找经验丰富的高管加入其董事会；沈基文自然是最佳人选。“我们渴望人才，渴望智慧。我们会想尽办法获得人才，无论他们来自任何地方，而沈基文无疑是其中的佼佼者。”从2004年至2021年担任淡马锡控股公司首席执行官兼执行董事的何晶（Ho Ching）解释说道。

1997年至2012年担任淡马锡控股公司副主席的柯宗成（Kwa Chong Seng）表示：“我认为他或许是淡马锡有史以来最好的董事之一。他凭借丰富经验和商业洞察力帮助淡马锡壮大，为淡马锡的未来发展不遗余力地作出自己的贡献。”

沈基文随后也担任印尼达纳蒙银行（Bank Danamon）主席职务。该银行被淡马锡旗下的全资子公司亚洲金融控股公司（Asian Financial Holdings）收购。那段期间，林明沛（Lim Ming Pey）在日常工作上给予沈基文支持，她不但担任他的专属执行员（或特别助理），还负责淡马锡金融服务团队的投资工作。

1999年加入淡马锡，现任淡马锡组织与人力资源部兼战略办公室执行总裁的林明沛说道：“当沈基文作为领导者站出来带领我们时，淡马锡就有底气勇往直前，大胆尝试全新事物。我们不能低估他给予我们的安慰、信心和信念，让我们得以推进这次前所未有的亚洲投资战略。”

对淡马锡来说，收购亚洲银行不仅是一次对未知领域的探索，也是一次高风险的尝试。这是淡马锡首次积极参与的投资项目，并持有大量股权。许多参与此次收购计划的银行高管在这之前从未与淡马锡合作过。

林明沛解释说：“在这种情况下，沈基文作为一支经验丰富、备有一流人才的银行团队的导师型领导者，其知名度显得尤为重要，也更能让员工和合作伙伴放心。他能够动员和激励我们勇于维护我们在这些金融服务投资中的战略和利益。他的领导力和对事物的专注让我们相信，我们能够做到这一点；这对我们来说是一个转折点。”

沈基文曾向许明成（Koh Beng Seng）寻求建议，以加强团队的实力。当时，这位新加坡金融管理局前副总经理也是沈基文经常来往的朋友之一。

许明成说：“他问了我一些问题，比如适当的治理方式是什么、董事会应该由哪些人员组成、管理层应如何运作、应提交哪些类型的报告等等。”他补充道，沈基文还特别注重于提升区域贷款机构的风险管理和贷款质量，而许明成也在这些方面为他提供了重要意见和建议。

“他知道如何把这些点串联起来。他将经营银行者和管理银行的人放在一起，让他们相互平衡。说服他们帮忙也不是问题，因为他们显然都非常尊重沈基文。”

沈基文对淡马锡的第二个贡献是培养了下一代决策者。柯宗成指出沈基文是如何抽出时间培养年轻一代的：“他十分乐意提供建议，不厌其烦地与他们共进午餐，为他们提供咨询和指导。这些都是他的强项。”

王忠文（Charles Ong）是沈基文在淡马锡任职期间的受益者之一。他在2002年至2006年期间担任淡马锡首席投资官，当时仅30多岁。在他的印象中，沈基文是一个在董事会会议上非常低调的人。然而，当他发言时，他总是能提出深入的质询，或一语中的、直击问题要害的见解。

“他看起来很低调，从不炫耀自己的学识，但一旦你和他接触，就会发现他有很多东西值得学习。他令人着迷。”

他回忆起沈基文讲述的故事，包括他早年所面对的挑战、新加坡是如何建立起来的，以及对国家管理的见解。“他是一个真正了解权力、知道如何做事的人。他就是一本行走的百科全书，因为他曾亲自书写了历史。”王先生说道。

林明沛也是直接受益者。她透露，为淡马锡高级行政人员聘任专属执行员的做法是沈基文引进的，借鉴了他在公务员系统工作时的经验。“当他被要求参与新（区域金融服务）战略时，他立即意识到这对淡马锡的年轻员工来说是一个多么宝贵的学习机会。”

“于是，他找到当时的人力资源部负责人，要求给他派一名专属执行员。他的心态是想借此来培养和指导新人。我认为这非常了不起。”

在随后的几年里，她每周与沈基文会面两次，为他担任各公司董事长和/或董事会成员的各种相关事宜提供支持。在这些会面中，她把自己比作一块海绵，积极吸收沈基文教给她的一切。

例如，如果达纳蒙银行即将召开董事会，沈基文就会审查议程，并与她讨论每项议程的重点，包括她应该联系谁来做准备工作，以及在与同行讨论时应该注意什么。林明沛回忆说："从业务战略到利益相关者的管理，我们学到了很多东西，也学会了如何在坚守价值观和诚信的同时，成为一个懂得活用知识的聪明人。"

她还赞赏他非常清楚自己想要什么，并能很好地传达这些信息，这使得为他工作更加顺畅、愉快。"无论你是专属执行员、董事会成员还是银行高管，沈基文都不会跟你兜圈子。如果他要求你做某件事情，他总会清楚地告知你他想要的结果、对你的期望以及你被授予的权限。"

2006年初，林明沛开始休产假，她的同事唐晓晴（Tang Hsiao Ching）接替了她的专属执行员职务，为沈基文提供支持，直到次年11月沈基文去世。唐晓晴感谢沈基文为她的成长所付出的精力和时间，并培养和授权她成为他在公司的耳目。

唐晓晴说："他会指派我们直接与达纳蒙银行的高层管理人员对话，并鼓励我们在与他讨论之前先对谈话内容进行消化和反思。其实他大可不必这样做，他可以轻松地拿起电话与对方直接沟通，这样效率会高很多。老实说，他完全可以不在乎我们的想法，但他没有这样做，而是耐心地询问我们的想法，倾听我们的意见。"

这两位女性当时都只有20来岁，显然沈基文并不在意这一点。林明沛说："作为商业界新人，我们对商业动态了解不多，但当我们与他谈论业务或运营问题时，他总能用我们能理解的方式向我们解释说明。"

作为沈基文的专属执行员，唐晓晴最大的收获之一就是沈基文鼓励她经常去雅加达转转，融入当地文化，熟悉印度尼西亚人的工作方式。这让她意识到，同样的信息必须以不同的方式传达给不同的受众，才能获得认可。她补充道："这些都是我们有机会用到的软技能。"

了解与他们合作的人的心理是沈基文传授给她们另一门重要课程。林明沛回忆说，他教她如何分辨对方的动机和性格。更广泛地说，无论她们在哪里工作，都必须了解地缘政治的动态和细微差别，因为这可能会影响企业的运营。

但她们两人对沈基文记忆最深的还是他的善良和笑容。林明沛笑着说："我们给他起了'笑面佛'的绰号。"唐晓晴也完全同意。她解释说："他的精明头脑和敏捷的思维都被闪烁着标志性光芒的眼睛和总是面带笑容的脸所掩盖了。只要看着他，你就会感到安心，这也让其他人感到放松，愿意与他共事。"

即使在他接受癌症治疗期间，沈基文对淡马锡的承诺也丝毫未减。柯宗成说，在一次董事会上，沈基文穿着拖鞋来了。"我问他：'沈先生，您为什么穿拖鞋？'他回答说，他刚从医院出来，想要舒服一点。"

"他的身体状况显然已大不如前，但他仍尽心尽力地来参加董事会会议。我的意思是，他的头脑还是一如既往地敏锐，我敢说直到最后时刻他都保持着清晰的头脑，只是他的身体最终还是不堪重负了。"

达纳蒙银行的压舱石

埃迪·瓦尔曼（Edi Warman）是印度尼西亚苏门答腊岛楠榜省图兰巴旺市场（Tulang Bawang）的一名蔬菜小贩。与其他商贩不同的是，他太穷了，压根买不起正式的摊位，只能在市场里有空位的地方搭建一个非法的临时摊位，靠此维持生计。

他每天都在努力卖菜和与执法人员玩猫捉老鼠的游戏之间交替度过。这位七个孩子的父亲说："生活很艰难，我几乎每天都在哭。"他还讲述了自己的处境是如何因租住的房屋被烧毁而雪上加霜的。

达纳蒙银行向他提供了数笔贷款，第一笔贷款是在2005年。之后，他不仅租下了一个摊位，而且生意也越来越好，摊位也扩大到了两个，后来还升级成为了蔬菜批发供应商；而所有这一切只用了三年时间。像瓦尔曼这样振奋人心的故事正是源于当时达纳蒙银行的一项大胆战略。这一战略专注为印尼各城镇的中小微企业提供融资，而此时担任达纳蒙银行董事长（印尼语称监事长）的正是沈基文。

该银行于2003年被亚洲金融控股公司（AFH）收购后，他就担任董事长一职。亚洲金融控股公司于同年在新加坡成立，是淡马锡控股公司的全资子公司，其主要任务是代表母公司对海外金融机构进行投资。

这是淡马锡从投资新加坡本地公司转向投资亚洲公司的举措之一，并希望借此促进区域经济的发展。何晶解释道："我们的投资理念之一，就是将银行作为代理机构来投资。我们认为可以利用银行来促进底层20%人口的普惠金融。"

达纳蒙银行和印尼国际银行是亚洲金融控股公司最早收购的两家银行。达纳蒙银行是从印尼银行重组机构（IBRA）手中收购的，该机构的成立是为了在1997年亚洲金融危机后重振印尼遭受重创的银行系统。IBRA的任务是对那些陷入困境的银行进行关闭、合并或接管并进行资本重组。

沈基文那深受尊重与赞赏的人际交往能力和强大的人脉，使他能够胜任达纳蒙银行董事长一职。"他给人一种稳重、充满智慧和冷静的感觉。更重要的是，在银行业，你首先需要与监管机构建立良好的关系，还需要了解你所服务的社会环境，而他在这方面有敏锐的嗅觉。"何晶说。

他是这项工作的不二人选的另一个原因是：他对印尼有着浓厚的兴趣和深入的了解。1998年至2000年间，沈基文至少两次邀请《亚洲华尔街日报》记者理查德·博尔苏克（Richard Borsuk）共进午餐，以了解印尼的情况。

过去20年一直在报道该地区情况的博尔苏克说："我很感激他认为花时间听我表达对印尼发生的事情的看法是值得的。很多人认为记者就是报道新闻的，但他能看到更重要的东西，他或许能了解到什么，或许能接触到他在其他地方无法获得的视角。"

虽然这些聊天没有什么特别之处，但博尔苏克记得沈基文向他提出了关于经济和政治前景、普通民众的生活状况，以及印尼从专制政府向民主政府过渡等方面的一般性问题。

"显然，新加坡不仅要了解印尼的情况，还要在力所能及的情况下提供帮助。沈基文显然对这些事有真正的好奇心，这让我对他评价很高。"

2006年，星展银行资深银行家黄记祖接任了沈基文董事长一职。虽然沈基文只在达纳蒙银行工作了三年，但他的贡献却是巨大的。

"达纳蒙银行当时被送进了所谓的重症监护室（ICU），亟待拯救和重组。"黄先生说道。黄记祖曾于2003年至2006年担任该银行董事会成员，2007年起担任亚洲金融控股公司董事。

在沈基文的支持下，管理团队通过三管齐下的战略，将亏损的银行扭转了局面。在实施战略的两年内，达纳蒙银行已发展成为印尼最大的银行之一，全国拥有约1000家分行。到第三年，员工人数已从亚洲金融控股公司收购时的约1000人增加到20,000多人。

拉姆里·曼苏尔，沈基文40多年的司机、知己和朋友，在瓦顿庄园路114号门前，一如既往地精神干练。

[拉姆里家族收藏]

1988年，4岁的沈玫与她敬爱的公公分享秘密。

[沈氏家族收藏]

大约在20世纪90年代初，沈基文在家中最喜欢的椅子上休息，这是一把价格低廉、重量很轻的铝制折叠椅。

[沈氏家族收藏]

致力于开发世界级高尔夫球场一样，玉鳳也热衷于高尔夫球运动，是新加坡女子高尔夫球协会的创始主席和丹那美拉乡村俱乐部的女队长。

左图：沈基文在丹那美拉乡村俱乐部举行的高尔夫锦标赛上开球。

[均来自沈氏家族收藏]

沈氏一家庆祝新千年的第一个春节。

[沈氏家族收藏]

沈基文和玉鳳，相伴多年的夫妻。

[沈氏家族收藏]

在沈基文任职期间，佘林发曾是亚洲金融控股公司董事会成员，他形容沈基文是一个能把事情办好的人，因为他“德高望重”。

“有时，当我们与亚洲金融控股公司董事会有矛盾，想找人去和淡马锡的大人物谈谈时，我们会说服沈先生出面，因为我们知道他很受尊重，所以他的观点和意见会得到认真对待。”

“通常都是围绕董事会认为是优先事项的问题，或者董事会认为不应该做或不应该太激进的事情。这些问题会上升到淡马锡的高层。只有他才能直言不讳，一针见血，让我们的观点和意见得到采纳。”

花旗银行的资深银行家弗朗西斯·罗扎里奥（Francis Rozario）曾在2003年至2005年间担任达纳蒙银行的首席执行官。他曾受聘于花旗银行伦敦办事处，后担任亚洲金融控股公司的执行董事。为了在淡马锡建立自己的声誉，他主动申请担任达纳蒙银行的首席执行官。就在那段时期，他有了与沈基文密切合作的机会。

“在搬来新加坡之前，我对这里并不熟悉，也从未听说过沈基文。”罗扎里奥继续说：“我对他的第一印象是，他是一个相对安静的人，但非常自信。他不是为了说话而说话，而是一个很好的倾听者和深思者。”

沈基文敏锐的商业直觉也让罗扎里奥印象深刻。“通过他提出的尖锐问题，你会意识到他对企业运营有着非常深刻的理解。他能够精准地抓住关键问题，直击核心。”

“我总是惊讶地发现，在冗长的会议中，他只说过几次话，但每次他看待问题的关注点和深度都会令人汗流浃背。”

敏锐的直觉使沈基文在支持达纳蒙银行的过程中做出了一些非常大胆的决定。“他的胆识使我们能够快速行动，而不会过于谨慎。”罗扎里奥说：“这并不意味着他鲁莽，他在支持我们推荐的任何项目时都考虑得非常周全。”

达纳蒙银行以前是一家企业银行，被亚洲金融控股公司收购时在印尼排名第五。相对于其收入规模而言，该银行的成本结构较重，此外，它的消费金融业务和中小企业银行业务也才刚刚起步。

在对市场进行研究后，得出的结论是印尼的中小型企业和大众市场部门的抗风险能力最强。在亚洲金融危机期间，比其他部门表现得更好。这就是沈基文签署并由达纳蒙银行采用的三管齐下战略的第一个出发点：为城镇周边的中小企业、自营职业者和大众工薪阶层提供融资。

“大众市场部门的利润率是存在的，因为针对他们的银行业务尚未得到充分开发。而我们需要有规模，需要有一个庞大的网点。因此这是一个绝佳的机会，也是我们做出大胆变革的最佳领域。”罗扎里奥解释说。

他的团队提出了一项在18个月内开设600多家分行的计划，并获得了银行董事会的批准。最终，他们超额完成了这一目标，在两年内开设了1247家分行。这些小型、简单、以客户为中心的分行，独立命名为“达纳蒙储蓄贷款”（Danamon Simpan-Pinjam）社区一行，设立在城市和乡镇熙熙攘攘的传统集市上。作为典型的商业中心，这些地方的小商贩、家庭商店和服务类公司非常活跃，而他们正是银行的目标客户。

于2003年至2006年担任达纳蒙银行财务规划高级副总裁兼项目部主管的陈美欣（Maxine Chen）说：“达纳蒙储蓄贷款就像一个可复制黏贴的模板。我们有一个专门的团队负责这部分业务，他们设立分行的方式就像丰田公司制造汽车一样。”

这一过程是按地理位置逐步推进的。例如，在确定一个城市和要开设的分店数量后，物业部门的同事就会物色具体的选址。同时，人力资源部门将招聘员工，装修团队也会进场装修。

“每个人都有自己的角色，每个人都知道截止日期，大家就朝着这个目标努力。这速度真是令人惊叹。”陈美欣回忆道。在这样的努力发展下，到沈基文的董事长任期结束时，达纳蒙银行的员工人数已增加了20倍。

陈美欣说：“我认为，为大众市场服务是沈基文真正关心的事情。他对此非常理解并大力支持。像埃迪·瓦尔曼这样的故事说明了我们可以改变人们的生活。这与沈基文提升民众生活水平的愿景高度契合。”

除了建立达纳蒙储蓄贷款之外，第二个战略支柱是让达纳蒙银行成为商业或中型企业（团队称之为“商业领域”）的支持者。亚洲金融危机导致多达15000家此类企业没有得到足够的资金支持，而达纳蒙银行迅速填补了友好贷款方的角色。

促使达纳蒙银行早期成功的最后一个战略支柱是偶然出现的。在与阿迪拉金融公司（Adira Finance）老板西奥多·佩尔马迪·拉赫马（Theodore Permadi Rachmat）共进晚餐时，罗扎里奥得知对方计划退出这家专门为购买摩托车提供融资的公司。他立即向达纳蒙董事会提出了收购该公司70%股份的建议。

“我们当时正在努力扩大资产规模，这正是一个绝佳机会。当时，财务公司最担心的问题是缺乏活动资金。我想，我们可以把阿迪拉金融公司作为银行的一项资产来助资，让它有机会实现无限增长。”罗扎里奥道。

董事会同意了，这成为公司发展的又一动力。从一家收益几乎可以忽略不计的小公司，到2009年，即达纳蒙银行入主的第五年，阿迪拉金融公司利润已超过1亿美元。

何晶指出，淡马锡和亚洲金融控股公司都很乐意让沈基文来监督达纳蒙银行的业务。“首先，我们不是专家，因此我们请来了我们认为可以为公司增值的人。一旦这样做了，就不要试图猜测他们，要让他们自由发挥。所谓用人不疑，疑人不用，如果你不信任他们，那一开始就不要雇用他们。”

然而，就在成功的故事不断涌现的同时，预示着风暴的乌云也开始在地平线上浮现。达纳蒙银行在印尼各地开设分行的狂热步伐引起了当局和商界的注意。

“我记得沈基文曾对我说：‘弗朗西斯，星展银行是新加坡最大的银行，但它在新加坡的分行还不到100家。你现在说的是最终要拥有10倍于这个数字的分行。’这对他来说是一个需要解决重大问题。”罗扎里奥说。

对沈基文来说，关键问题在于印尼政府会如何看待达纳蒙银行的战略。从表面上看，一家新加坡所有的银行似乎正在大力参与印尼全国各地小企业的融资活动，这几乎是一种对他国经济的入侵。

“这对他来说是完全不同的游戏规则。沈基文认识到，我们收购的是一家本地银行，而不是设立了一家外国银行的分行。所以为了有效地与外国银行竞争，我们必须比外国银行更本土化。”

“与此同时，他也意识到这一资产可能只会在一段时间内成为淡马锡的附属机构，最终可能会被其他人机构收购。因此，它还必须反映出作为一家本地银行所处的经济环境。继续按计划推进是他做出的最艰难的决定之一。”

作为让步，他们决定先在6个达那蒙储蓄贷款分行进行试点。试点工作顺利完成后，他们便全力推进。就在达纳蒙银行开设了第300家分行时，印尼政府敲响了他们的大门，要求解释他们的意图。

罗扎里奥承认，沈基文的直觉很准，他从一开始就精准地发现了问题所在：在扩大规模的同时，他们的政治影响并不乐观。“沈基文非常担心推广过程会陷入规模不足的困境中。他不希望半途而废，使得盈利之路大打折扣。”

“我被传唤到雅加达议会接受质询。一开始，议员们对我们的意图非常指责和怀疑。他们问我们是否试图渗透本地人。”

“我自己并不是新加坡人，这对我来说是一个很大的优势。我说，我是一名职业经理人，只是来这里做总裁董事（或首席执行官）的工作。我为这个国家和人民设计了一项战略，并说服董事会执行这项战略。如果成功了，最大的受益者将是当地人民，他们将获得他们原本得不到的资金。”

三小时后，罗扎里奥改变了议员们的态度。议会向印尼中央银行下达了一纸命令，批准达纳蒙银行开设1000家分行。但即便如此，还是引发了反弹。达纳蒙银行的竞争对手们对这一结果妒火中烧，指责它抢走了他们的客户和员工。

“我记得沈基文告诉我，‘当你去见央行行长时，告诉他你将把分行设在距离最近的竞争对手至少一个三杆洞的地方（接近240米）’。他们两人都是狂热的高尔夫球爱好者，也正是这句话说服了行长，让他同意我们可以继续推广业务。”

这样的建议展示了沈基文是如何利用他对周围人的了解来铺平道路。“我确实记得他曾来过雅加达的办公室，他非常有风度，举止像个政治家。爪哇人非常温和，而以柔克刚能取得更大的成功。”陈美欣说。

毫无疑问，沈基文和管理团队成功地克服了前进道路上的障碍。如曼迪里银行（Bank Mandiri）这样的印尼其他金融机构，纷纷开始模仿达纳蒙银行的模式，就是对此最好的证明。正所谓，模仿是最真诚的奉承。

在工作之外，罗扎里奥永远不会忘记他是如何亲身体验了沈基文闻名遐迩的仁爱之心。2003年的8月5日，罗扎里奥搬到雅加达一个月后，他去万豪酒店吃午饭，该酒店距离达纳蒙银行总部仅一步之遥。他刚在日本餐厅坐下，大堂外就响起了汽车炸弹的爆炸声。幸运的是，他没有在这次造成11人死亡的恐怖袭击中受伤，并在工作人员的引导下迅速离开了酒店。

“这是我永生难忘的记忆。沈基文给我打了电话，我能感受到他真挚的关切和担忧。”罗扎里奥回忆起这段经历时，不得不停下来，情绪有些激动。“那次之后，他非常敏感，经常打电话询问我们的情况。就在那时，我看到了沈基文不是作为我的上司，而是作为他个人关怀他人的一面。”

罗扎里奥回到新加坡后，继续担任他的亚洲金融控股公司（2007年更名为富勒顿金融控股公司）执行董事一职，并继续与沈基文保持联系。由于沈基文仍是董事会成员，因此他们常有机会见面交流意见和想法。“他是一个强硬的商人，但他也有个人魅力的一面，这使他既能激励和领导员工，也能得到我们的支持。”

林增集团的宝贵顾问

林均城（Raymond Lum）清楚地记得他与沈基文第一次与业务相关的会面。那是在20世纪90年代初，林增集团这家建筑和房地产公司的执行主席正在马来西亚开发吉隆坡高尔夫乡村俱乐部（KLGCC）。

“他邀请我去他的办公室喝咖啡，并出乎意料地询问了林增集团作为一家新加坡公司在另一个国家开发高尔夫球场所面临的挑战。”林均城回忆道。

他与兄弟林国城（David Lum）是其父林增于20世纪40年代创立的同名家族企业的继承人。

“作为一名前高级公务员和自1984年以来一直担任丹那美拉乡村俱乐部主席的人，他的经验肯定比我丰富。相比之下，我们才刚刚涉足乡村俱乐部的业务。他的坦诚、谦逊和乐于倾听给我留下了深刻印象。他还提出了很多很有见地的问题，我都尽力回答了。”林均城说道。

后来才知道，沈基文当时正在为吉宝置业在中国云南省昆明市开发的春城湖畔高尔夫度假村制定计划。按照他希望尽可能多地掌握信息的一贯做法，在了解到林增集团的吉隆坡高尔夫乡村俱乐部项目后，他找到了林均城。据林均城回忆，他向沈基文提供了一些见解，包括如何与当地供应商合作、如何确保人力以及如何与顾问和政府部门打交道。“他想听同行业的相关人员怎么说，但我不认为我给他的建议里有什么是他还不知道的。”

虽然沈基文和林均城的社交圈相同，但他们之前从未有过业务往来。关于吉隆坡高尔夫乡村俱乐部的会面标志着一段工作关系的开始，最终沈基文于2000年加入林增集团担任顾问，直至他去世。这也为他与担任公司董事总经理的林国城之间的友谊奠定了基础。他们的友谊是在后来多次一起去高尔夫假期，沉浸在共同爱好中不断加深的。

在就吉隆坡高尔夫乡村俱乐部项目后不久，沈基文再次与林增集团联系，询问其是否有兴趣加入一个财团，在苏州开发一个工业园区。该项目是由吉宝企业牵头的新中两国间首个合作项目。双方于1993年签署了原则性协议，标志着苏州工业园区作为促进新加坡向中国进行知识转移的窗口得到了认可。

林国城还记得，他参加了由沈基文主持的简报会，主要是介绍加入财团意味着什么。他被沈基文的长远眼光所触动，随即决定在虚线上签字。就这样，林增集团成为了24名股东之一，林国城被任命为建筑委员会主席。他的公司参与了70平方公里的园区建设，包括对金鸡湖的回填。

2000年，在得知沈基文退休的消息后，林均城联系了他，询问他是否愿意加入林增集团担任顾问。“我们认为，以他的经验，他可以在我们正在做的项目上，尤其是在房地产开发方面为我们提供支持。”

林国城对沈基文的同意表示惊讶：“我们不是一家大公司，而他本可以轻而易举地加入一家更大的企业，但我认为他之所以同意，是因为他认为自己可以为我们正在做的事情增添价值。我们真的很高兴他接受了我们的邀请，并从他身上学到了很多东西。”

如果时间允许，沈基文每周都会去几次当时位于多美歌（Dhoby Ghaut）的林增集团办公室，以了解公司的业务情况。公司当时的重点是扩大房地产投资组合，在新加坡和世界各地增加酒店项目。

林均城说：“当我们遇到一个感兴趣的项目时，我们会与沈基文一起分析，听取他对项目前景的意见。”

2004年4月20日，尼诰大道（Nicoll Highway）的一段路面发生坍塌事故时，沈基文为他们提供了宝贵的建议，他和林国城对此一直心存感激。当时，林增集团与日本建筑公司西松建设（Nishimatsu）组建了一家合资企业，并成功中标承建包括尼诰大道站在内的四个地铁站以及环线沿线的连接隧道。

西松建设曾负责隧道工程，尼诰大道坍塌事故就是由隧道工程引起的。虽然林增集团没有直接参与，但因为是通过合资企业开展的工作，他们必须发表声明。

林国城说：“沈基文建议我们，无论如何，我们都应该先道歉，我们也照做了。然后，我们从他那里学到了要集中精力照顾好受害者家属。我们甚至成立了一个小团队来处理这次危机。”约3万新元的赔偿无条件地提供给了在灾难中丧生的四名男子的家属。

事实上，尽管沈基文身居高位，但他始终关心普通员工。林国城回忆说：“当我们的一位经理邀请他参加她的婚礼时，他真的去了，我当时看到他在那里，感到非常惊讶。”

不过，沈基文给兄弟俩留下的最深刻印象还是他对新加坡的热爱，以及不求回报地帮助樟宜机场进一步完善的愿望。每次与他一起旅行，无论是高尔夫度假还是探索海外房地产开发机会，他们都能亲眼见证这一点。沈基文对每一个抵达或离开的机场（包括樟宜机场）的检查热情已成为传奇。

有一次，他们应邀前往迪拜进行投资棕榈岛的考察。他们的航班于早上6点降落。在入住酒店后，沈基文立即返回了机场。原来，迪拜机场管理局邀请他去参观，参观时间长达三个多小时。林均城回忆说：“当时是早上6点，但他还是去了。这才是最了不起的地方。”

在他们最初的几次高尔夫度假中，林国城经常坐立不安，担心沈基文是否会错过航班。“他总是最后一个登机，因为他会在机场巡视，甚至连机舱乘务员都知道他的这个习惯。每当我表示担忧时，他总是会笑着告诉我不用担心。”

林国城逐渐开始欣赏这个习惯，因为它象征着沈基文对新加坡的忠诚。

“这就像中文成语里的‘精忠报国’（意思是忠于自

己的国家）。在他这个年纪，本不需要做这些，但他依然如此。"

林均城也表示："他的谦逊和对国家的奉献精神、他愿意倾听别人的意见，以及他以开放的心态处理问题，都是他最令人钦佩的特点。我们仍在努力以他为榜样，不断提升自己。"

总统顾问理事会中的爱国者

虽然沈基文已于1984年从公务员系统退休，但他对新加坡的忠诚依然坚定不移，从他1997年接受提名加入总统顾问理事会（CPA）就可见一斑。

理事会就新加坡民选总统如何保护国家过去累积的储备金和维护公共服务的廉正性向其提供建议。因此，总统在行使有关财政和任命事项的酌处权时，有义务咨询理事会的意见。

沈基文曾担任过两届理事会成员，第一届任期为1997年1月至2004年1月，第二届任期为2005年9月至2007年1月。在此期间，他曾担任理事会主席。他先是与王鼎昌总统共事，后来又与纳丹总统共事，后者于1999年至2011年期间担任新加坡总统。

在沈基文担任总统顾问理事会成员的十年间，有两件重要事项征求过理事会的意见。

第一个问题是由王鼎昌总统在1999年提出的，他质疑为什么储备金的所有净投资收入（NII）都用于当前的储备金，而没有分给过去积累的储备金。两年后，政府在研究了这一问题后，决定每年至少锁定一半的过去储备金产生的净投资收益，这将使新加坡能够持续增加储备金，而不是将所有投资收益都用于当前的财政需要。

2002年，纳丹总统收到一项提议，要求从过去的储备金中拨款用于与公共住房有关的事项，他就此事咨询了总统顾问理事会。作为建屋发展局（HDB）选择性整体重建计划的一部分，建屋发展局需要一笔资金来收购被纳入该计划的组屋。

在回忆录《意外之旅：总统之路》（*An Unexpected Journey: Path To The Presidency*）中，纳丹写道，“……我认为应该制定保障措施，确保所收购和开发的土地价值确实远高于收购所花费的过去储备金。”

他将自己的意见告知了总统顾问理事会，并与财政部讨论了他所关注的问题。最终，该提议被修改，只有当总容积率在收购土地后提高至少30%时，才可以使用过去储备金收购土地。

在获得总统顾问理事会的同意后，纳丹批准了该提议。他在书中总结道：“这样一来，我们既能保护过去储备，又能使其得到有效利用，为新加坡人民带来长远利益。”

由于总统顾问理事会的审议主要是在远离公众视线的情况下进行的，人们只能猜测包括沈基文在内的总统顾问理事会成员向纳丹提出了怎样的建议。

但纳丹在给沈基文妻子的吊唁信中写道，沈基文是他“宝贵意见的来源”，“他在公共部门的丰富经验和商业头脑，为理事会的工作做出了巨大贡献。”

前银行家佘林发从2021年1月开始担任总统顾问理事会成员，他也是沈基文的老朋友。他说，很多人甚至不知道沈基文是总统顾问理事会成员。“他从不谈论此事，尽管这是国家最高职位之一。他有强烈的爱国主义情怀，同时又是一个非常谦逊的人。”

大厨

作者：沈玫

“叔叔，你以前是厨师吗？”年轻的小贩真诚地问公公。因为他十分娴熟地教她如何在热水中焯菜——这是制作深受喜爱的槟城小贩美食鱿鱼空心菜（Ju Her Eng Chye）的其中一个步骤。

大约在本世纪初的一个星期五晚上，我们全家去一家马来西亚自助餐厅吃晚餐。我记得很清楚，是因为公公和婆婆更喜欢在家吃饭，所以外出就餐就是难得的大事。餐厅很大，自助餐厅里摆满了美味的马来西亚小贩美食，如粿条（Char Kway Teow）、亚参叻沙（Assam Laksa）、沙爹（Satay）和福建面（Hokkien Mee）等，都是公公喜欢吃的。

在排队等鱿鱼空心菜时，公公观察了厨师是如何准备这道菜的。轮到他时，他没有直接要一份，而是走到灶台后面，以一个资深厨师的自信对厨师说：“你做得完全不对。我来教你怎么做。”

他向她，同时也向我这个当时感到非常尴尬的孙女演示了他焯空心菜的方法。

他把整份蔬菜放在滤网中浸入沸水中。焯好后，用力抖动滤网以去除多余的水分，然后将刚焯过的菜放在盘子里。

通常的做法是先把它们放在碗里，然后用热水浇一下，但这样做不仅费时，而且一不小心还会烫到手。那位可怜的厨师当时可能只比我大几岁，显然没受过什么训练。

公公非常熟练地准备和装盘了鱿鱼空心菜，厨师则一言不发地站在边上，看着他给排队等待的客人分了几份，然后把厨具递还给她。当我好不容易把他从灶台前拉走后，我默默地对女孩说：“谢谢！不好意思！”，公公则笑呵呵地端着自己做的一盘鱿鱼空心菜回到了座位上。

搅拌、啜饮、微笑

作者: 沈玫

虽然对公公是位美食爱好者这事已经说得很多了，但其实他对威士忌几乎是同等热爱的，以至于每晚品尝加冰威士忌对他来说是一种晚间惯例。

“玫，看看我这里有什么！有谁想来帮我搅一搅？”公公常在晚饭后坐在他最喜欢的扶手椅上，右手举着水晶威士忌杯喊道。我现在仿佛还能听到冰块随着他的动作在杯中叮当作响。在他的邀请下，还在上幼儿园的我就会爬到他的腿上，把手指伸进他的酒杯里，轻轻地搅动一下，然后马上把手指放进嘴里尝个味道。

直至今日，当我闻到加冰威士忌的味道，看着玻璃杯上的凝结的水珠，我依然能想象出他坐在那里的样子——穿着一件薄薄的白色棉短袖，看到我皱着鼻子伸出舌头说威士忌又呛又难喝时，他忍俊不禁，黝黑宽阔的脸庞满溢着笑容。

第九章

送别

作者：沈玫

“大家口中谈论的那个人是谁？我们现在才真正了解他。

在祖父的追悼会上致悼词时，公公最小的儿子瑞财说了一句朴实无华的话，道出了我们全家的心声。

公公于2007年11月9日去世，这距离他从那些繁多的管理职务中正式退休仅过去了7年多。我想他和我们所有人一样，没有料到自己会在退休后这么快就离开人世。但是，死亡和生活一样无法预料。

我知道公公有很多朋友，但亲眼目睹有那么多人对他怀有如此高的敬意，还是令我感到非常惊讶。在他的葬礼上，我才意识到他的工作范围有多广。

公公的追悼会让人感觉像是在庆祝他的一生，这也是理所应当的。连续三个晚上，我们听到了来自他的同事、朋友和家人的悼词。我震惊地看到，他曾工作过的许多公司组织了满满一大巴车的人前来悼念。

他们中有造船厂工人、建筑工人和球童，也有首席执行官、公务员和政界人士。公公在瓦顿庄园的家门外至少有50米长的道路两旁都支起了帐篷，里面摆满了桌椅。汽车更是停放到了一公里之外。我们很感激没有邻居因此抱怨，由于屋里没有足够的空间，每晚的悼念仪式都设在前院和车道上。

我喜欢追悼会在天空下举行的方式，会让我感觉悼词飘向了夜空和公公安息的群星中。当我坐在悼念的人群中时，我多么希望自己能看到公公在工作中的样子，看他如何做决策，如何提供建议。我希望我能了解这个被人们亲切地称为“主席”的男人的另一面。

最令人意外的莫过于纳丹总统、内阁资政李光耀、李显龙总理及其夫人何晶前来吊唁时。我记得当时我们全家都不知道应该遵循什么礼仪，因为这是我们从未经历过的事情。大家争论着在这悲痛的时刻与他们合影是否合适，应该派谁代表家人接待他们，又应该说些什么。

每当他们中有人来访时，我都待在楼上婆婆的房间里，直到他们离开。我本该有先见之明和勇气去迎接这些尊贵的访客，或许还可以请他们分享一下对我祖父的回忆。但那时我是在为公公的离世而悲伤，并不是为公众人物沈基文的离开而悲伤。

在他去世后大约一周的时间里，报纸上连续刊登了关于公公的悼词、追忆和纪念文章。我津津有味地看完了全部的内容。不禁开始思考，他到底有什么特别之处？他做了什么，能够让纳丹、李光耀和李显龙写下如此优美的长篇悼文？

公公在公务员系统内外都有着辉煌的职业生涯，但他从未向孙女们谈起过工作。我们只知道他曾担任过“樟宜机场董事长”和公务员系统的高级职位，但我不知道这些头衔意味着什么。事实上，除了我父亲作为长子了解更多外，就连公公的其他儿子也对他家庭以外的生活知之甚少。

我的表妹宗琳和她的妹妹曼琳是瑞兴叔叔的女儿，她们童年的大部分时间都住在瓦顿庄园的公公家里。宗琳七岁时，她需要做一个关于樟宜机场的学校作业。尽管与公公同住，但她并不知道公公深度参与了樟宜机场的开发，还去上网查找相关信息。几年后，当她长大懂事时，才意识到公公在帮助建设樟宜机场建设中发挥了怎样的重要作用。

随着20世纪的结束，公公也卸下了在吉宝集团、第一通电信和民航局所担任的执行主席职务。1999年的“退休”让他在新千年伊始有更多的时间陪伴他的五个孙女，并追求他生命中的另一个挚爱——高尔夫。我记得，大约在我十几岁时，曾在《海峡时报》的头版看到过一篇关于他退休的文章。但出于某种原因，我当时并没有兴趣去了解更多。也许是出于青少年时期特有的麻木冷漠和不感兴趣，又或者就是对和家庭有关的一切都容易感到尴尬的心理。那时候，其实我们都已经习惯了每次在餐馆吃饭时，都会有人上前跟他打招呼。但我只是认为，公公一定是个非常友善合群的人，才会有这么多朋友。

在成长的过程中，我和我的两个妹妹并没有像彼此期望的那样经常见到公公和婆婆。他们都忙于工作、高尔夫或旅行。我们只有在周五晚饭时才会到公公家聚餐。这样的晚餐通常是极具仪式感的，晚上8点准时开始，一个小时后结束，然后公公给自己倒上一杯威士忌，坐下来正好赶上看晚上9点的新闻。

虽然我在小学和中学的成绩都不是很好，但我从不曾感受到公公对我有任何不满。事实上，从小到大，我在学习上取得的每一次成功，无论多么微小，都会向他汇报，而他也都会为我庆祝。1998年，我上中学三年级，令父母懊恼不已的是，我的数学、中文、化学和生物期末考试都不及格，不得不在12月学校放假期间参加重考。如果还不及格，我就得留级。

幸运的是，我通过了重考。为了纪念我的胜利，公公带着整个大家庭去莫顿（Morton’s）牛排馆吃晚餐。这是我第一次去这么昂贵的餐厅，我真的觉得自己很特别。公公的父亲曾经因为儿子没有考到满分而责备他，但公公并没有因为我的成绩不合格而责备我，相反，他还为我的重考成绩庆祝了一番。我记得他自豪地看着我，亲切地拍着我的背，对家人说：“今天我们聚在这里一起吃晚餐，是为了庆祝玫努力学习，通过了考试！”

我永远不会忘记那个夜晚。他告诉我，失败从来不是终点，也不是什么可耻的事情。重要的是我们如何在失败后振作起来。

1999年，我在中学的最后一年，父母决定送我出国留学。由于我的右脑过于发达，连最简单的化学或代数公式也难以理解，父母认为在澳大利亚读高中比在新加坡参加‘A’水准考试（A Level）要好，而且还能为以后读本科提供更多课程选择的机会。得知这一决定后，公公征求了他的老朋友许吉米（Jimmy Koh）的意见，因为他的孩子们曾在澳大利亚留学。吉米叔叔认为珀斯是个好地方，因为从新加坡乘飞机不到五个小时就能到达，而且那里有美丽的高尔夫球场。

“玫，这是我朋友为你挑选的几本珀斯的学校宣传册，你可以去看看。”一天晚上，在我们周五例行的家庭聚餐中，公公对我说。西澳大利亚州首府珀斯是比较经济实惠的海外留学地之一，相比之下美国和英国的学费都太贵了。最后，经过对珀斯几所学校的考察，并与公公、婆婆和父母讨论之后，我们最终选择了长老会女子学院（Presbyterian Ladies’ College）。我们喜欢这所学校，因为它的规模较小，校园更温馨。而且吉米叔叔的女儿曾就读于该校，因此他极力推荐。

和世界上其他地方一样，我们怀着乐观和期待的心情进入了2000年。我在珀斯开始了新的学校寄宿生活，而有了更多空闲时间的公公则把大部分时间花在了五岁的宗琳和两岁和曼琳身上——这是他的儿子们从未有过的特权。

宗琳还记得公公对她的鼓励。“他有时会和我一起坐在餐桌前做作业，并假装我的作业很难做，让我觉得自己很聪明，因为我可以做得很好。他还经常鼓励我在他喝茶的时候和他一起读报纸，并向我提问与我们所读文章相关的问题，还会给我解释所有我不认识的单词。我和姐姐都叫他‘行走的字典’。”虽然公公并没有花太多时间帮助儿子们完成学校作业，但他确保自己能在宗琳和曼琳需要的时候陪伴在她们身边，尤其是考虑到她们的父母正忙于经营自己的事业。

“尽管母亲对我和妹妹来说是非常好的父母，但她忙于生意，没有多余的时间在放学后留在家里陪我们。因此，公公是陪伴我和妹妹最多的人。”宗琳回忆道。在一些工作日的下午，当她们从学校回来时，他会带她们去大众书局，给她们买文具、书籍甚至是碟片。

“他喜欢带我们去东海岸公园或植物园，让我们可以到处跑或骑自行车。他甚至会和我们一起骑车。他真的是个很酷的爷爷。几乎每次我们外出去玩，曼琳都会不小心摔倒，然后擦伤，公公也总会把她扶起来抱回车里！”

公公也有了更多时间带家人出国度假。有一次，他和婆婆决定独自带四个小孙女去香港，包括我的妹妹沈英和沈玲，当时她们已经十多岁了，还有宗琳和曼琳，她们当时分别在上小学和学前班。我没有一起去，因为当时我正在实习。

“如果你了解公公，你就会知道他非常不喜欢购物。但因为他和孙女们在一起，所以他别无选择，只能耐心地跟着我们逛所有的商店，寻找一些小饰品。”宗琳回忆道：“我觉得这对他来说，真的很不容易。”

沈英和沈玲对此表示赞同，并清楚地记得她们与公公和婆婆在香港之行中共度的美好时光。“最棒的是他们给了我和沈玲很多自由。午饭后，当他们带着小女孩们回去午睡时，他们让我们俩自己逛商场，还给了我们一些零花钱。当时我们才十几岁，但他很信任我们。”沈英回忆说。

珍贵的珀斯时光

20世纪90年代末，婆婆用自己多年经营药店、美发沙龙和录像带出租店等小生意的积蓄，在珀斯的达尔基斯（Dalkeith）买了一栋房子。就在那栋有着闪亮的黑漆门和白色外墙的两层楼房子里，我度过了最美好的青少年时光。

因为公公已经退休，所以他和婆婆每隔两个月左右就会来珀斯陪我待一周或更长，有时他们还会带上宗琳和曼琳。周五下午放学后，他们会开着一辆租来的丰田车到学校接我，有时还会载上我在寄宿家庭的一些朋友，我们一起开车去达尔基斯的家里享受周末时光。

婆婆做晚饭的时候，我会与公公分享我在学校的一些课程。他总是对我学习的东西很好奇，我也特别兴奋地告诉他我在法律和政治研究以及现代史方面的新发现——这些都是我以前从未学习过的科目。

我永远也不会忘记婆婆为我们大家制作“米线”（Mee Siam）的样子，公公手里拿着他从五金店新买的小玩意从车库门进来的样子，还有我的朋友、祖父母和我一起不停聊着天的美好周末。

公公和婆婆成了我许多寄宿学校朋友的义务监护人，他们在周末或短假期间不回国时就会住在我家。公公对我的朋友们非常感兴趣，有时还会询问他们国家的政治局势，比如马来西亚和印度尼西亚。有时，他甚至会观察他们的行为，然后与我分享他的想法和观察结果。

就像公公和婆婆花时间与我的朋友们相处一样，我也有机会了解他们的朋友。我们曾多次在陈亮成和他的妻子莉莉位于河畔的家中度过愉快的夜晚，他们家离婆婆家只有短短五分钟的步行路程。我的祖父母和陈氏夫妇的关系越来越好，他们夫妻俩很快成为了我祖父母在澳洲生活的重要组成部分。当公公和婆婆来珀斯时，我们几乎每隔一天就能见到陈亮成叔叔和莉莉阿姨。在陈家，总有美食、美酒和无尽的话题。

偶尔，我和祖父母会开车去弗里曼特尔（Fremantle）或郡达拉普（Joondalup）。就是在这些路程中，我会同公公讨论历史、政治和社会经济概念方面的经验教训。

我从未告诉过我的父母，在一次公路旅行中，我差点害死了我们所有人。当时我刚开始学开车，但公公对让我坐在驾驶座上有足够的信心，于是我们就沿着西海岸高速公路行驶。当时是傍晚，几乎看不到什么车。我不记得我们去了哪里，但一定是漫长的一天，因为过了一会儿，他对我开车很放心，就闭上眼睛打起盹来。而婆婆早已经在后座上睡着了。

我也被一种虚假的安全感所迷惑，甚至在开车的时候想听一些流行音乐。于是我开始摆弄收音机的转盘，试图找到最合适的电台频道，直到突然想起我还得看看前面的路时，才发现自己正在逆向行驶。我都不知道自己什么时候转向的。

我立刻把方向盘猛地向左一拉，把公公吓醒了。“天哪！怎么了？慢点开！”他对我说，而婆婆还在酣睡。我不知道该怎么告诉他，是我摆弄收音机差点害死了我们三个人。那之后，公公也没有向我或其他人提起过我危险驾驶的事。也许他不想打击我的信心，他知道这次经历本身就足以让我受到教训，从而更加小心谨慎。

事后看来，中学毕业后把我送到澳大利亚是个正确的决定。如果我留在新加坡，我可能就不会和公公和婆婆如此亲近了，因为他们通常都忙于参加商务会议、高尔夫球或其他社交活动，我和妹妹们除了每周五的例行聚餐外，几乎见不到他们。我在珀斯享受了与他们在一起的高质量、不被打扰的美好时光。正是在这宝贵的两年里，我逐渐长大成人，正是有了这些共同的经历、遇到的人和许多次的交谈，我和公公真正建立了深厚的感情。我们无数次一起讨论我应该选择什么专业、应该去哪里上学，而当我以优异的成绩考入悉尼大学攻读英语和法律双学位时，他为我深感骄傲。

2002年，我从西澳大利亚的珀斯搬到了澳大利亚东部的悉尼，这意味着我与公公和婆婆的见面变少了，因为这里离新加坡更远。尽管如此，我的祖父母依然努力每年至少来悉尼看我一次，就住在校园附近的酒店式公寓里。

2005年，宗琳和曼琳搬出了公公家，跟随父母住在一起，尽管她们家离公公家走路只需要两分钟。

宗琳说，有时公公会莫名其妙地出现在她家门前。“他会把我叫到家门口，开着他的栗色奔驰在那里等着我。他会说他的车载收音机有问题，让我帮忙调试或修复设置。有时候，我觉得他只是以此为借口来陪我。”宗琳俏皮地回忆道。

虽然在公公癌症复发后，我们都做好了最坏的打算，但他的去世不仅对我们整个家族的动态，也对我们每个人的生活都产生了深远的影响。“他是家庭的粘合剂。有他在的时候，一切都变得更明亮、更快乐。我们曾经每周五和每个公共假日都会相聚在一起。现在我们不再这样做了。”宗琳说：“我非常想念他，直至今日。”我非常同意她的观点。对我而言，我人生的新阶段刚刚开始的时候，公公的生命就结束了。我在悉尼举行公证结婚仪式的前一天，他去世了。我和未婚夫杨贤尊决定在悉尼登记结婚，因为我们当时住在那里。我几乎不记得在登记处发生了什么。

我唯一的记忆是在那个澳洲城市潮湿的早晨，我穿着黑粉色的露肩碎花连衣裙，用湿透的纸巾不断擦拭着眼泪。我难过地不能自已，因为就在几个月前，我们还计划让公公和婆婆来悉尼参加这场婚礼。

这么多年来，我逐渐明白了一个道理：悲伤从未离你而去，它只是埋在了你心里的某个角落。

老对手卷土重来

1992年，公公首次被诊断出患有癌症时，我还在上小学。我记得当时我去新加坡中央医院（SGH）探望他，听他说他的半个胃都被切除了。

尽管情况严峻，但公公像应对所有挑战一样，以积极、乐观的态度去面对。

当李显龙总理被邀请为本书分享一些关于我祖父的记忆时，他回忆起公公是如何以充满希望的态度对待这可怕的疾病。

“1992年，当时我正在接受淋巴癌化疗时，我在新加坡中央医院遇到了他。他在那里准备接受胃癌手术。虽然他身患重病，但看上去精神矍铄。他告诉我，他仍然想打高尔夫球，并询问医生手术后是否可以继续打球。即使身患癌症，基文仍然保持乐观，精神饱满。我想他肯定能康复，并重新回到他所热爱的高尔夫运动中。”

果然，公公后来从医院凯旋而归。回到家，他迫不及待地撩起薄薄的白色上衣，让我看他那横跨半个腹部的大疤痕。他告诉我们，他感觉很好，虽然不能像以前那样吃那么多东西，但可以更规律的少食多餐，这反而更好。

“那道疤痕很长，看起来像汉字的‘人’。我经常在他没穿衣服的时候，走到他面前，用手指沿着那道伤疤缓缓滑过。每当我这样做的时候，他总会笑起来。”宗琳分享道。

手术后公公回到家里，依照他那“坐不住”的性格，很快就订好了飞往珀斯的机票，打算和婆婆一起在那个宁静的城市休养。一天晚上，当他们还在珀斯时，瑞财接听了家里的座机电话。电话是当时的内阁资政李光耀打来的。他打电话询问公公的健康状况。由于瑞财当时只有25岁，正为父亲的病情感到特别焦虑，他直接对李光耀说：“先生，也许是时候让我父亲退休了。”李资政听后温和地笑了笑。

就在所有人最意想不到时，公公的胃癌在15年后复发了，而这一次比以前更加恶性。那时，我已从悉尼大学法学院毕业，正忙于兼顾律师事务所实习和法学院的深造。我和公公原本计划好了，等我实习期满，就去伦敦、纽约、东京和上海进行为期一个月的旅行。我从未去过这些城市，很期待和他一起去探索。

2007年5月一个微风习习的秋日下午，我接到了那通不同寻常的电话。我记得自己正穿过悉尼内西区新镇（Newtown）绿树成荫的郊区，脚下踩着厚厚的金黄色落叶，嘎吱作响。我那会儿刚从公交车上下来，怀里还抱着一堆杂货，手机就响了。

“玫？我是公公。”他的语气清晰而平静。“公公？您好吗？”我愉悦地说道。我以为他打电话来是为了讨论我们的旅行计划。

“我只想告诉你，癌症又复发了。我正在和医生谈话。我应该会没事，但医生说我现在不能出远门，所以我不得不取消我们的旅行计划了。我很抱歉。”

直到现在，我的脑海中还回荡着他的声音——虽然透着失望，但又充满平静和威严。这让我相信他会没事的，我也尽力去相信它。

但我的整个世界仿佛也在那一刻静止了。我的头开始剧烈地抽痛。我坐在租住的联排别墅门外的台阶上，试图理清刚刚听到的消息，以及接下来该说些什么。

“没事的，公公。不用担心我。等你病好了，我们下次再去。”我结结巴巴地说道，舌头好像麻了一样。我感觉自己几乎说不出话来，也听不清自己在说什么。

“好的，那就这样。再见。”

我不知道的是，就在几天前，公公还召集了他的五个儿子在丹那美拉乡村俱乐部的园景中餐厅共进午餐。他以同样平静地语气解释说，在一次常规检查中，医生发现他的癌症复发了，而且已经到了晚期，所以他不想再接受化疗了。他想好好地度过剩下的时间。

“得知癌症第二次复发，我感到很沮丧，因为我们都认为父亲在第一次确诊癌症后已经非常注意自己的健康了。我时常在想，如果他在第一次癌症病愈后彻底退休，是否可以避免再次复发。但他真的会退休吗？毕竟，在第一次得癌之前，他已经因为年满55岁而被要求从公务员岗位上退休了。所以实际上，我认为他根本不会放慢脚步。”瑞财说。

瑞兴同样坦率地表达了自己的观点：“我曾经把父亲视为超人，老实说，当我听到这个消息时，我并不太相信。我从没想过他会生病甚至死亡。就像我们总是认为超人永远不会死一样，我认为父亲也一样。”

2007年6月，我订婚了。我和纳塔内尔计划尽快举行婚礼，好让公公也能参与进来。他高兴极了，任命自己为婚礼协调人，忙着准备宾客名单。我记得有一天我去他家时，看到他随手放在餐桌上的一份手写名单，上面写着他想邀请参加婚礼的朋友。我当时感到无比喜悦。

但我那时并没有意识到公公内心是那样的期望和忧虑。直到最后，我都固执地对所有的迹象视而不见，我坚持期待着公公能来参加我的婚礼。

当读完李显龙总理对祖父的回忆后，我才意识到，公公是多么希望能够参加我的婚礼。“沈基文告诉我，他知道自己的病情在恶化。他说他希望自己能活久一点，想看到他的长孙女沈玫结婚，尽管他知道这是一个艰难实现的目标。”

公公的挚友之一洪敬辉（Ang Keng Hui）也表达了类似的感受。他用普通话说：“你祖父对你的婚礼非常兴奋。他一直在谈论这件事，我让他告诉我他想在哪家酒店举行婚礼，我可以帮他安排。他说他想在丹那美拉举行婚礼，因为看到孙女在他白手起家的地方结婚，对他来说意义非凡。他希望你能记住他为俱乐部付出的辛劳。”

对我来说，婚礼毫无疑问地应该在丹那美拉乡村俱乐部举行。公公去世几个月后，我在新加坡的婚宴最终在丹那美拉举行，这就像一次盛大的返乡。我记得当时我被亲朋好友的温暖所包围，但同时也感到一阵强烈的空虚和迷茫。在晚宴的某些时刻，我觉得自己好像只是一个旁观者，在旁观别人的婚礼，因为公公在我所有的计划中都扮演了重要的角色，我根本无法想象这场婚礼没有他的出现。

尽管身患癌症，公公有时却表现得像根本没生病一样。他继续和朋友们打高尔夫球，甚至到珀斯和中国昆明打球。

由于身在悉尼，我没能亲眼目睹他日益恶化的病情。我的父母在电话里也有意将他的身体情况简略带过。也许他们不想让我太过担心，因为当时我正在完成实习律师的见习期。

当我父亲告诉我，我的祖父母不会来悉尼参加我在新南威尔士州最高法院的律师宣誓仪式时，我才开始意识到他的情况有多不好。毕竟这是我从读法学院开始就一直期待的日子，我自然感到很失落，但也并没有想太多。

仪式结束后，我收到了公公发来的一条短信，只说了一句“恭喜”。老实说，我有点不高兴，因为这个回复也太敷衍了。没有打来电话，也没有鼓舞人心的话语，只有简单一句“恭喜”。

我不知道的是，那天他用尽了全身的力气才在手机里打出这个词。这也是他传达给我的最后一句话。我多么希望他能亲自对我说这句话。

后来，当我了解公公为新加坡所做的一切之后，我有时会怀疑自己是否配得上他寄给我的那句“恭喜”。与他相比，我觉得自己根本不算什么，渺小且无足轻重。我何德何能可以期待他对我的赞美之词?

公公于2007年10月因急性食物中毒被送入新加坡中央医院，后因感染肺炎而加重病情。随着病情的恶化，他有几天几乎处于昏迷状态。

入职仪式结束后，我很快就回到了新加坡。母亲从机场接我直奔医院。家人和亲朋好友们制定了一个轮流全天候陪护他的时间表。我们为他读书、唱歌、同他聊天。他的五个儿子轮流在晚上陪他过夜。

固执得近乎偏执的公公坚持每天下午从医院回家，在自己的床上睡一会儿。虽然这在医疗和后勤方面造成了许多麻烦，但家人和医生都不敢拒绝他。只要我祖父想做的事，它就一定能实现。

他在家的最后一晚，我看着他慢慢走下楼梯。他的右手紧握着瑞春叔叔，左手提着对他来说过于宽松的睡裤。他面容憔悴，与我曾经认识的他判若两人。他没有对我们说什么。

宗琳回忆起那天晚上在家里的情景："我在电视房看电视，他就坐在客厅里。婆婆让我过去给他看看我的新手表，我就过去了，和他聊了一两分钟，然后又继续回去看电视。直到今天我都非常非常后悔，因为那是他在家里的最后一天。我真希望自己坐下来和他多聊一会儿。他可是我的祖父啊。我想这种内疚感永远也不会消失。"

那天晚上，公公变得越来越虚弱。呼吸也越来越困难。我看着医生和护士在走廊里奔跑而过，冲进病房试图挽救他的生命。在他的病床周围，家人们感谢他对我们的爱，感谢他为国家做出的贡献，并为他唱赞美诗、读《圣经》，我还记得当时的哭声和泪水。

对我来说，我完全不愿相信。这真的发生了吗？我不信。我们会用歌声让他重获新生。我记得婆婆对他说，"谢谢你为这个家所做的一切，谢谢你为国家所做的一切。"那是我和我的表兄弟们第一次看到婆婆哭泣。

经过一个惊心动魄的夜晚，公公终于挺了过来。第二天我就要返回悉尼去办理结婚登记。我本想留下来，但登记的日期已经提前定好了，而且他的病情略有好转，这给了我希望，也许他还能再多坚持几天。于是我决定先去悉尼登记结婚，第二天再飞回新加坡。

最后的告别

飞机降落在悉尼时已是深夜，纳塔内尔来机场接我。在开车回家的路上，他在一条僻静的小路上停下车，告诉我公公在当天的早些时候去世了。那一刻感觉非常不真实，仿佛整个世界在我面前崩塌了。

结婚登记在一片混沌中就结束了。第二天，我和当时还在悉尼读书的妹妹们一起回国参加公公的葬礼。

当我们到达悉尼金斯福德·史密斯国际机场的新加坡航空柜台时，办理登机手续的工作人员说："沈女士，我接到通知，让我在您和您的妹妹们办理完登机手续后通知区域经理。"我不禁想，是我们的机票有问题吗？但我们真的不能再耽搁了。当时我的神经已经紧绷。

新加坡航空公司的区域经理向我们走来，语气中充满了温暖和同情，向我们表示哀悼。她告诉我说，当我们降落樟宜机场时，会有一辆电动车等着我们，让我们可以尽快赶回家。我很震惊，我没想到会有人知道或关心我祖父去世的消息。

当我们的飞机降落在樟宜机场时，机舱广播中响起了一个声音："请沈玫女士、沈英女士和沈玲女士，与机组人员联系。其他所有乘客请留在座位上，等待进一步通知。"我尴尬地从头顶行李舱拿出行李，低着头沿着过道走了过去，避免面对其他乘客投来的疑惑目光，也不想让他们看到我红肿的眼睛。

那天穿行在樟宜机场时感觉很难受，因为整个机场都让我想起了公公。当电动车驶过公用电话亭时，我想起了父亲曾经给我讲过的故事：公公坚持为旅客提供免费的本地电话，以便他们能够毫无阻碍地与亲人道别。

那一刻，我无比希望能拿起电话和他道别。

樟宜机场不仅仅是公公职业生涯中的一个里程碑，它更是他的生命，他活在樟宜的每一个角落。事实上，由于樟宜机场当时仍在建设中，它成为了他临终前想去参观的地方之一。当得知李光耀资政计划视察3号航站楼时，公公让新加坡民航局主席廖文良安排他先参观一趟，以确保一切都经得起这位国家元老的审视。

“我试图劝阻他。我想让他好好休息，不要耗费精力，但他心意已决。尽管他的身体当时已经不好了，但他还是想在李资政来访之前检查一下航站楼是否一切妥当。”廖文良回忆道。

于是，在瑞兴和瑞财、宗琳和她的母亲伊莉（Elly）以及廖文良的陪同下，公公最后一次视察了这座建筑。这也是他与樟宜机场的最后告别。

“那是一次不太一样的参观。通常，当他去机场时，他会精神饱满地留意四处的细节，向机场工作人员指出问题所在。而这一次，他只是安静地坐在机场的电动车里。我感觉很奇怪。我当时才12岁，可以说还不太懂事，完全无法理解他病得有多重。”

公公在3号航站楼启用之前就去世了。即使是现在，每次我来到樟宜机场，我都能感受到他的精神。这是他为塑造这个国家所作出的贡献之一。

那天是拉姆里叔叔来机场接我们。我们上车时，他说：“你们的公公去世了。”拉姆里叔叔没有像往常一样和我在车上聊天。残酷的事实再次如同一记重锤砸向我。

当汽车驶入瓦顿庄园路时，我们看到一长列停在蜿蜒道路旁的汽车。有些人至少要下车步行一公里才能到公公家门外。拉姆里大叔看出了我的震惊，轻声说道：“要知道，你们的公公是个非常重要的人物。”他说得很镇定，但眼神中透露出悲痛。

就这样，隔着堆满空花生壳的白色塑料桌，我们逐渐了解公公工作时的样子——他的幽默感、他严格的标准和他的善良。关于他的故事被娓娓道来，而我们在家庭之外对他几乎一无所知。许多人分享了他们与公公的邂逅，我真希望他能在身边，向我们讲述他的版本。

“他是怎么死的？”“他受苦了吗？”“他得癌症多久了？”“我甚至不知道他生病了。”同样的问题从早到晚地被问起。

我觉得，公公从不想成为任何人的负担，他把自己的问题带进了坟墓。即使被病魔缠身，他也会为了家人和朋友而继续坚强。在很多人还不知道他生病的时候，病魔就迅速地夺走了他的生命。

就在他去世前，也许是最虚弱的时刻，他让我父亲为他唱那首古老的基督教赞美诗《与我同在》。我不认为公公后来特别信教，但我知道他在英华学校和男童军旅时信仰上帝。

一家人围在他的病床前，一起看着旧赞美诗集，为他唱起这首歌。有时，在最黑暗的夜晚，我仍能听到这首赞美诗激昂的曲调在寂静中回荡。在万礼火葬场（Mandai Crematorium）举行的葬礼上，我们围着他的棺材唱了同一首歌。我仿佛还能看到我们的泪水滴落在灰色的水泥地上。

> 与我同在，日暮降临时，黑暗加深，主啊，与我同在。当其他帮助者离去，安慰也逃避，哦，无助者的帮助者，你与我同在。
>
> 转瞬即逝 生命之日渐黄昏，尘世之类渐黯淡，荣耀消逝。 我所见之处皆是变迁与衰败，哦，永不改变

的你啊，与我同在。

我不怕敌人，有你在身边祝福，苦难无重，泪水无苦。死亡的刺痛在哪里？坟墓的胜利在哪里？若你与我同在，我依然得胜。

在我闭上的双眼前，请托起你的十字架 照亮阴霾，指引我向天际。天堂的晨光破晓，尘世的虚影消散。无论生死，主啊，与我同在。与我同在，与我同在。

回顾公公非凡的一生，我毫不怀疑他深爱着自己的家人。同时，他也同样深爱着新加坡，甚至把大部分时间都投入到了这个新国家的发展中。

听着这些年来分享的所有故事、回忆和见解，我更加深刻地体会到，当年我们面临的机会是多么渺茫。我们的开国元勋们是如何惊险行走在成功与失败的一线之间，又是如何将冒险精神和风险管理完美地结合在一起，才取得了成功。

当我了解到公公的童年故事时，我比以往任何时候都更加坚信，我生活的国家是由一群梦想家、希望者和追求未来的人们建立的，他们中的许多人那时候一穷二白，却胸怀大志。事实上，对许多人来说，那些远大的梦想已成为建立这个国家的基础。新加坡的历史充满了他们的故事，我祖父的也只是其中之一。

我们这一代新加坡人对先辈们欠下了难以估量的债务。只有确保他们几十年前点燃的进步之火不会熄灭，才能偿还这笔债务。

新加坡正站在变革的十字路口，新一代领导集体正在崛起，后疫情时代的未来尚待确定。我逐渐意识到，怀旧仍有其作用，它可以提醒我们吸取教训，并继续为我们提供灵感。我们必须让像我祖父一样的老一辈人的故事继续流传下去，激励当代人和后代人不论面临多大的挑战，都能够继续前行。

面对充满不确定性但又令人无比振奋的未来——尽管气候变化、地缘政治紧张、可能出现的大规模流行病等问题依然存在，但仍有许多难以想象的创新不断涌现，带来新的亮点。我希望我的孩子们能具备敢于对权力说真话和认真倾听的能力，就像他们的曾祖父一样。他对上司说话时从不拐弯抹角，也不希望别人对他说话时这样。

人们常说，有权势的人最大的弱点之一，就是他们身边的人只会说他们想听的话。他们在自己周围制造回声室，只回荡着相同的观点。而我的祖父质疑一切，总是会问"你确定吗？"但与此同时，他也非常信任他的下属，让他们感受到自身的力量，从而总是会全力以赴。由于真相总是受到讲述者的控制和粉饰，因此，公公会同每个人，从清洁工到首相都交谈，听取对同一真相的许多不同观点，以便了解大局，从而做出最明智的决定。

最重要的是，我想让我的孩子们知道，虽然他们的曾祖父对每个人都一视同仁，但他确保最弱势的人得到更多的关怀。我还希望他们记住，曾祖父总是关心员工的福祉，无论他们的职位高低。与他共事的人不仅仅是同事，更是他的团队。他总是以人为本。在与我祖父的朋友和同事们交谈时，我意识到，有时人们无法详细记住一个人说过的话或做过的事，但他们会永远记住这个人带给他们的感受。

公公担任新加坡国际贸易有限公司董事长时年仅38岁，与我撰写本书时的年龄相当。我无法想象他所肩负的责任有多重，更不用说自己是否能够担得起这样的重担了。但我得到的启示是，就像我的祖父当年敢于在河岸边兜售香烟，后来更是把新加坡的“商品”卖到其他国家一样，我也必须勇敢地讲述他的故事、我们家族的故事，这样我们都能从他的成功和失败中吸取经验教训。

我们并非每个人都能成为企业家、政治家、国家建设者，甚至是商界领袖。但是，无论我们目前处于什么样的生活状态，我们都可以选择充分利用它，为我们的身边人和后来者创造更美好的明天。

祖父去世后，在听了所有的悼词，读了所有关于他的报刊文章，并在他的葬礼上与许多吊唁者交谈后，我开始了探索祖父故事的旅程。我相信，只有了解过去，才能珍惜现在，更好地规划未来。在他去世几年后，我才开始询问有关我的公公，亦是别人口中的主席的问题，并花了近十年的时间来完成这个项目。我很高兴我终于做到了，并衷心感谢那些为我提供答案，让我能更深入了解他的人们。

那些小事

作者: 沈玫

在我的成长过程中，星期五是属于公公和婆婆的日子。我对此最早的记忆是上世纪80年代末的午餐款待。每周五，幼儿园放学后，我不会直接回自己家，而是和公公和婆婆一起共度时光。在我的印象中，他们的车总是停在校外的一棵树下，他们就站在车旁等我出来。婆婆穿着色彩鲜艳的裤装，公公则穿着浅色的短袖衬衫和灰色裤子，一头在家染得乌黑的头发梳得整整齐齐。

我穿着蓝白相间的校服和柔软的白色帆布鞋，每逢周五，我都会以更快的速度跑出校门。至今仍能清楚地记得，当我奔向他们，给他们一个大大的拥抱时，祖父母脸上那热情洋溢的笑容。

每周的这一天总是很特别，不仅因为我可以整天和他们在一起，还因为在这一天，我这个四岁的孩子可以选择去任何我想去的餐馆吃午饭。而我总是选择武吉知马路的强生烤鸭店。

推开餐厅深色的金属边玻璃门，意味着我一周中最美好一天的开始。我现在还能回味起甜咸的烤鸭皮和柔软有嚼劲的细黄面，公公每周都会让我大饱口福。

午饭后，我们会回到他们家，公公在那里睡午觉，然后再去办公室或高尔夫球场。送走他后，我会在温暖的午后拿着婆婆的衣服和首饰玩装扮游戏。

我对公公最美好的记忆是由一些小事构成的。对我来说，他永远是穿着白色棉质短袖的祖父，笑起来时眼睛就会藏进脸上的皱纹里；他总是在车里放着一罐利口乐（Ricola）润喉糖，当我爬到车后座时，就会给我一颗；他知道我最喜欢吃烤鸭面；每当我去看望他，他的眼睛都会亮起来；他为我稚嫩的油彩画喝彩（其中一些画甚至还被挂在了他办公室的墙上）；每当有人来拜访而他正好要吃饭时，他常说："来得正是时候。"

这些小事我们常常忘记，但正是这些小事让人们记住我们。我们给予的关注、我们说过的话、我们做出的微小举动，这些小事，往往正是人们对所爱之人最难忘的记忆。

致谢

对以下人士在本书编写过程中所提供的协助和接受的采访，作者深表感谢：

Rosmee Ahmad, Andy Ang, Ang Keng Hui, Richard Borsuk, Cham Tao Soon, Maxine Chen, Chew Loy Kiat, Choo Chiau Beng, Chua Hua Meng, S. Chandra Das, Bert De Reyck, S. Dhanabalan, Gerry George, Goh Chok Tong, Goh Hup Chor, Han Fook Kwang, Abdul Shukor Hassan, Heng Swee Keat, Roy Higgs, Ho Beng Huat, Ho Ching, Mohammed Hussain, Vincent Ko, Koh Beng Seng, Jimmy Koh, Karen Kooi, Kwa Chong Seng, Lai Ching Chuan, Lailee Lamri, Lee Hsien Loong, Leong Wai Leng, Liew Mun Leong, Lim Chee Onn, Lim Hock San, Lim Ming Pey, Peter Lim, Liu Thai Ker, Low Chin Nam, David Lum, Raymond Lum, Roberto S.Mariano, Ng Kee Choe, Ng Seng Hwa, Ng Wee Hiong, Charles Ong, Godfrey Robert, Francis Rozario, Peter Seah, Arthur Sim, David Sim, Eric Sim, Gillian Sim, Henry Sim, Jerry Sim, Kelly Sim Kee Soon, Lauren Sim, Lesley Sim, Paul Sim, Peter Sim、Sara Sim、Sim Suh-Ting、Tang Hsiao Ching、Simon Tay、Tay Tiang Guan、Magdalene Teoh、Tong Chong Heong、Kelvin Tong、Tow Heng Tan、Nicolai von Uexkull、Sofjan Wanandi、Wang Look Fung、Wong Ngiam Jih、Wong Woon Liong、Faizal Yahya 和 Yam Kum Weng。

刘诗平是一位经验丰富的作家、编辑和内容策略师。她对探索世界的无限渴望，启发了她的创造灵感，让她在过去二十年里孜孜不倦地讲述着各种故事，尤其是那些与设计、酒店、旅游和奢侈品行业相关的故事。

认识她的人都知道，当她与家人和朋友相聚时，会习惯性地像审问犯人一样不停询问有关他们的生活状况。这种打破砂锅问到底的精神，也让她在撰写人物专访时更加得心应手。由她持笔撰写的人物专访不计其数，并曾刊登在《*The Peak*》、《*Prestige*》等杂志，以及《中国日报亚洲周刊》。此外，她还撰写了两本书，其中一本是著名心脏科专家杜财顺医生（Dr Charles Toh）的传记，而她正在筹备的第三本著作则是新加坡城市规划大师和建筑师刘太格的传记。

沈玫是沈基文五个孙女中的长孙女。白天，她是银行和金融业的资深营销和传播专家；夜晚，她喜欢在床头灯下写作。

她对讲故事的热忱使她在珀斯读高中时就赢得了蒂姆·温顿青年作家奖和西澳大利亚青年作家奖的第一名。

这也激励她成为新加坡旅游局的一名导游，让她有机会与更多人分享新加坡早年的传奇故事。

National Library Board, Singapore Cataloguing in Publication Data

Name(s): 刘诗平. | 沈玫, author.
Title: 沈基文 : 亦官亦商 / 刘诗平, 沈玫.
Other Title(s): 亦官亦商
Description: Singapore: 八方文化创作室（世界科技出版公司之附属机构）, [2026]
Identifier(s): ISBN 978-981-98-0047-6 (Hardback) | 978-981-98-0044-5 (Paperback) | 978-981-98-0045-2 (PDF) | 978-981-98-0046-9 (PDF)
Subject(s): LCSH: Sim, Kee Boon, 1927-2007. | Civil service--Singapore--Biography. | Chief executive officers--Singapore--Biography. | Government business enterprises--Singapore. | Singapore--Officials and employees--Biography.
Classification: DDC 351.092 --dc23

出　　版： 八方文化创作室（世界科技出版公司之附属机构）
5 Toh Tuck Link, Singapore 596224

印　　刷： 新加坡印刷

国际书号： 978-981-98-0047-6 (精装)
978-981-98-0044-5 (平装)
978-981-98-0045-2 (机构版电子书)
978-981-98-0046-9 (个人版电子书)